すぐに使える！

小学校国語

授業のネタ大事典

■二瓶 弘行 [編著]
■国語"夢"塾 [著]

明治図書

はじめに

言葉が，静かに生き生きと躍動する
国語教室を創造しよう

　教師である私には「夢」があります。ずっと抱き続けている「夢」です。
　そのクラスでは誰もが読みたくてたまらない。一編の文章や作品に描かれた言葉を丁寧に検討し，言葉の意味，文章の要旨，作品の主題を自分らしく読み取り，自分の考えや読みの世界を確かにもつことに懸命になる。
　そのクラスでは，誰もが書きたくてたまらない。自分という存在を言葉で書き表すことの喜びがわかり，書くことで自分らしさを確認でき，仲間に伝えられることを知っている。だから，必死に言葉を選び，構成を考え，表現を工夫する。
　そのクラスでは，誰もが話したくてたまらない。ある話題について，自分の思いを言葉で表現しようと，誰もが適切な言葉を探すことに必死になる。思いを託せる言葉をもてたら，仲間に伝えようと懸命に挙手する。
　そのクラスでは，誰もが仲間の考えを受け取りたくてたまらない。ある話題について仲間はどう考えるのか，自分の抱く思いと同じなのか違うのか，知りたくて仕方がない。だから仲間の発する言葉に必死に耳を傾ける。
　そのクラスでは，言葉を媒介にして思いを伝え合うことの重さを誰もが知っている。言葉は「自分らしさ」を仲間に伝え，仲間の「その人らしさ」を受け取る重要な手段であることを，全員が価値として共有している。
　そのクラスでは，言葉が，静かに生き生きと躍動している。

　今日もまた，全国すべての小学校で，国語授業が行われています。
　そのすべての教室で，自分の子どもたちに「言葉の力」をはぐくんであげたいと，どの先生方も願っていることでしょう。
　私の「夢」は，きっと，すべての小学校教師の願いであると思っています。
　国語科は，言うまでもなく，「言葉の力」をはぐくむ教科です。言葉を読む力，言葉を書く力，言葉を話す力，言葉を聞く力，そして，言葉で他者と

伝え合う力，これらの「言葉の力」は，まさに，人が人として生きていくための「生きる力」でもあります。
　だから，教室にいる子どもたち全員にはぐくんであげなければならない力なのです。その子にも，あの子にも，一人残らず，すべての子どもたちに。

　私は，毎日毎日，国語専科教師として，3つの学年クラスの子どもたちと国語授業をしています。
　子どもたちは，不思議な縁で，私の国語教室で学んでいます。彼らは，自分の意思で，私を教科担任として選んでここにいるわけではない。
　だとしたら，この子たちに，確かな「言葉の力」をつけてあげるために，少しでもまともな授業をしなくてはと，大きな責任を感じています。
　子どもは未熟です。だからこそ，いくらでも伸びゆく存在です。けれども，一人きりでは育ちません。学びの場，学校の教室での仲間との学び合いの場がどうしても必要です。そして，その学びには，活動を有意義に組織展開していく教師が必要です。それが，国語の授業。
　私たち教師は，教室にいる子どもたちのために，授業力をもたなければなりません。様々な言語活動をねらいに即して組織し，一連の学びを展開できる力を鍛えなければなりません。
　本書の執筆を担当したのは，「国語"夢"塾」の仲間である教師たちです。彼らは皆，日本全国各地で国語の授業づくりに懸命に取り組みながら，この国語"夢"塾に定期的に集まって，明日の国語授業について真剣に学び続けてきている，熱意あふれた，力ある国語教師です。
　この「国語"夢"塾」から，これまでに3冊の『事典』シリーズを刊行しています。『言語活動アイデア事典』『書く活動アイデア事典』『授業づくりの技事典』，幸いにも，いずれも多くの先生方に手にとってもらえています。第4弾の本書も，大切な子どもたちに確かな「言葉の力」をはぐくんであげたいという願いをもとに刊行します。どうぞ，先生方のお力になれますように。

2017年6月

二瓶弘行

※本書は，月刊誌『授業力＆学級経営力』の2016年度連載「二瓶弘行＆国語"夢"塾プロデュース　学年別　国語授業のネタ」を増補，編集のうえ構成しています。

Contents
もくじ

はじめに
言葉が，静かに生き生きと躍動する国語教室を創造しよう

第1章 教師のオリジナルな教材で豊かな言語活動を生み出そう

筑波大学附属小学校　二瓶弘行

- ❶手づくりの詩集 …… 10
- ❷「百の詩集」と語り …… 11
- ❸オリジナル教材づくりのすすめ …… 12

第2章 学年別国語授業のネタ80

1年

「おはよう！」＋「きのう，何食べた？」で心を開こう！	（あいさつ）	14
「ことばあつめしりとり」でたくさんの言葉を集めよう！	（語彙）	16
お気に入りのものの名前を書こう！	（ひらがな）	18
お話の中に出てきた音をカタカナで書こう！	（カタカナ）	20
間違いを見つけて書きかえよう！	（文法）	22
おはなしをきいておはなししよう！	（読み聞かせ）	24
「ありがとう」を伝えよう！	（作文・日記）	26
フリップランキングで伝えよう！	（スピーチ）	28
「み〜つけた」を伝え合おう！	（作文・日記）	30
ペアでインタビューをしよう！	（インタビュー）	32
できるようになったことを伝えよう！	（作文・日記）	34
クイズで1年間の学習を振り返ろう！	（学習のまとめ）	36
大好きな本のポップをつくろう！	（読書）	38

2年

リレー自己紹介でつながるスピーチをしよう！	（スピーチ）	40
漢字をつなげて感じ合おう！	（漢字）	42
「おいしい」を上手に表そう！	（語彙）	44
「〇〇大すき王」を決めよう！	（スピーチ）	46
普通のことをおもしろく伝えよう！	（作文・日記）	48
自分だけの運動会物語を書こう！	（作文・日記）	50
読み聞かせを聞いて「お話リレー」をしよう！	（読み聞かせ）	52
自分たちだけの「お話マップ」をつくろう！	（読書）	54
季節を表す「自分だけの」一言を書こう！	（語彙）	56
会話文にタイトルをつけて登場人物の気持ちを上手に表そう！	（物語文）	58
主語・述語マスターになろう！	（文法）	60
「みえーるめがね」で昔話のよさを紹介しよう！	（物語文）	62
似た意味の言葉でイメージチェンジ！	（語彙）	64

3年

対話の基本をしりとりで学ぼう！	（対話）	……66
「説明文リーフレット」を書こう！	（説明文）	……68
「ドーナツチャート」で作文のテーマをバシッと決めよう！	（作文・日記）	……70
おたよりから「こそあど言葉」を探そう！	（文法）	……72
「○○ボックス」で作品を紹介しよう！	（物語文）	……74
１学期に学習した漢字を使って文章をつくろう！	（漢字）	……76
名前を知らない便利なアイツを紹介しよう！	（説明文）	……78
「５○(ごーまる)スピーチ」で上手な話し方，聞き方を身につけよう！	（スピーチ）	……80
「ことわざかるた」でいろんなことわざに触れよう！	（言語文化）	……82
「オノマトペゲーム」で言葉の感覚を磨こう！	（言語文化）	……84
「付箋添削法」で作文が good（グッと）よくなる！	（作文・日記）	……86
オノマトペを集めよう！	（言語文化）	……88
「すむとにごるで大ちがい」短歌をつくろう！	（言語文化）	……90
自分版"三大○○"をつくろう！	（説明文）	……92

4年

言葉探しで仲良くなろう！	（語彙）	……94
ガイドブックで物語文を紹介しよう！	（物語文）	……96
付箋で考えを交流しながら深い学びに向かおう！	（話し合い）	……98
行ったつもりで旅行記を書こう！	（作文・日記）	……100
偉人の格言を基に「ＭＹ格言」をつくろう！	（言語文化）	……102
接続語を用いて物語の続きをつくろう！	（文法）	……104
つながりに気をつけて「つみあげ話」をつくろう！	（文法）	……106
新聞記事の見出しをつくろう！	（説明文）	……108
「行くならどこに？　だれと？」自分の考えをはっきりさせよう！	（話し合い）	……110
４枚の絵をつなげてドタバタ劇をつくろう！	（物語文）	……112
シソーラスステップでテンプレ表現から抜け出そう！	（語彙）	……114
説明文のモデルを生かして使える文の型を身につけよう！	（説明文）	……116
説明文が「かたやぶり」になるわけを見つけ出そう！	（説明文）	……118
「文づくりジェンガ」で主語・述語・修飾語の係り受けを確かにしよう！	（文法）	……120

5年

ペアでインタビューし合い，「聞く」大切さを実感しよう！	（インタビュー）	122
オノマトペ，色を入れて日記を生き生き鮮やかに！	（作文・日記）	124
物語のアイテム分析をしよう！	（物語文）	126
ニュースキャスターになろう！	（スピーチ）	128
読書感想文の書き方のコツをつかもう！	（作文・日記）	130
過去の自分と比べて随筆を書こう！	（作文・日記）	132
低学年の子に読み聞かせをしよう！	（読み聞かせ）	134
日記を読み合い，仲間を知ろう！	（作文・日記）	136
推薦します！〇〇委員長	（スピーチ）	138
なぞかけを楽しもう！	（語彙）	140
大事なことだけつまんで読もう！	（調べ学習）	142
６年生の３月の自分に手紙を書こう！	（作文・日記）	144

6年

創作四字熟語で決意を書こう！	（語彙）	146
今の気持ちを短歌で表そう！	（言語文化）	148
しっかり理由づけをして感想文を書こう！	（物語文）	150
つなぎ言葉で考える力をアップしよう！	（文法）	152
「夏休みになりたい自分」を説明文で表そう！	（説明文）	154
早口言葉を聞き取ろう！	（話し合い）	156
台本を使って話し合いを体験しよう！	（話し合い）	158
「字源パズル」で平仮名のご先祖様を探せ！	（言語文化）	160
友だちと協力して，文章の内容を膨らませよう！	（作文・日記）	162
イチ押しの「名言古文」を授業しよう！	（言語文化）	164
音読大会で聞く力，読む力を伸ばそう！	（音読）	166
国語学習史をまとめよう！	（学習のまとめ）	168
本かるたをつくろう！　本かるたで遊ぼう！	（読書）	170
漢字一文字で振り返る小学校での６年間	（学習のまとめ）	172

第1章 教師のオリジナルな教材で豊かな言語活動を生み出そう

筑波大学附属小学校　二瓶弘行

❶ 手づくりの詩集

　今，国語専科として3年生，4年生，6年生の国語教室を担任しています。そして，そのすべての教え子たちに，1冊の詩集を渡しています。

　「百の詩集」。この簡素に製本された詩集は，私がこれまでの教員人生で収集した数百編の詩の中から，ぜひ子どもたちに与えたいと選んだ百編を編纂したものです。

　書店に行けばたくさんの詩集が並んでいますが，小学校の子どもたちに暗唱させたい詩がある程度の数をそろえて編集されているものはあまりありません。後述の丸谷才一氏が言うような，「大人の詩人が書いた本物の詩の中の，子ども向きのもの」が数十編はほしいと思いました。

　そして，「市販されていなければ，自分でつくればよい」と思い立って以来，新しい子どもたちと出会うたびに，詩集をつくり続けてきました。

　詩の収集は，まずはすべての教科書会社の国語教科書，図書館蔵書から始めます。そして次に，書店で詩集あさり。

　出会った詩の中で，これはというものは，すべてパソコンに打ち込みます。

　この詩集に収めた作品は実に多彩です。島崎藤村や室生犀星の文語詩もあれば，むのたけじ，あいだみつを，星野富弘など，詩というより「詞」と呼んだ方がよい作品もあります。

　選択の明確な基準はないと言ってもよいですが，暗唱に不可欠なリズムをもつこと，そして，長すぎない作品であること，は考慮しています。ただ，宮沢賢治の『雨ニモマケズ』と谷川俊太郎の『生きる』は例外。1年生を含めて私の歴代の教え子たちは，この2編の詩を全員暗唱してきています。

　また，選者である私の好みも大きく反映しています。私の好きな詩人である谷川俊太郎やまどみちおは，それぞれ10編ずつ採っているほどです。

　いずれにしても，**「この詩を絶対に子どもたちに読ませたい」という私の思いが確かに込められた百編**であることは間違いありません。

❷「百の詩集」と語り

　教え子たちにこの「百の詩集」を配付した後，次の「課題」を話しました。

> 　この「百の詩集」をいつも手元に置きます。そして，読んで気に入ったものをノートにどんどん視写していきます。できたら，その詩を覚えてみてください。

　名詩・名文と言われる文章を「視写」すること，「暗誦（語り）」することの意義の深さは，はかり知れないものがあります。
　私は，あらゆる言語能力を育成する最も効果的な手段とさえ思っています。
　詩の暗誦については，次のことを繰り返し強調して話し続けてきました。

> 　自分の好きな詩を，自分らしく語る（暗誦する）工夫をしなさい。仲間に聞いてもらいたいという強い思いを自分の目に込めて，語りなさい。

　「百の詩集」の暗誦では，「目力（めぢから）」を重視させました。
　聞き手が単独なら，その人の目を見て語る。聞き手が多数なら，視線をその人たち全員に回しながら語る。そして，いつも「あなたに語るよ。だから，お願いだから，聞いて」という強い思いを目に込めて語る。
　一方の聞き手の子どもたちには，いつ如何なる場合でも，語り手の目を見て聞くことを強調します。自分が語っているときに聞き手が下を向いていたら，どんなに悲しいか。だから，仲間が語っているときには，その人の目を真っ直ぐ見て聞いてあげる。「私はあなたの語りを聞いてるよ」と態度や表情，そして目で伝えてあげるのです。このように，聞く場合でも「目力」が必要であることを繰り返し指導します。

❸ オリジナル教材づくりのすすめ

　私は，詩集だけでなく，「説明文集」も自分でつくろうと思い立ちました。過去数十年の東京書籍版の国語教科書をすべて読み返し，今も使える説明文を選び出し，パソコンに打ち込みました。当該学年以上の学習漢字には，ふりがなをつけます。こうして，五十編の説明文集をつくりました。
　この文集を用いて，次のような言語活動を展開しました。
　まずは「音読」。提示した文章は，上学年のものも原文のままのため，難語句もたくさんあります。１人の子が代表して読み，難語句に出会って詰まると，まわりの子がガヤガヤとその読みを教え合う。だれも読めない場合は私が教え，必要に応じて語意を解説してあげる。「わからない言葉，読み間違う言葉があって当然。みんなには知らない言葉が山ほどある。だからこそ言葉を学ぶ意義がある」そう子どもたちに話します。
　さて，この「音読」にゲーム的な要素を加えてみたのが「速読」です。文章を可能な限り速く音読する。ルールは「一字一字，はっきりと発声すること」。この速読も，子どもたちの基礎言語能力づくりにとても有効な方法だと実感しています。速読するためには，目で文章の先を追い，文章の意味を瞬時に把握する必要があります。言葉が意味のない記号である場合は，いわゆる「拾い読み」しかできません。
　そして，３つめの言語活動が「視写」です。視写の約束事は３つ。「正確に・丁寧に・できるだけ速く」です。子どもたちは，指定されたマス目のノートを使い，段落を意識しながら，一編ずつ説明文を書き写していきます。

　このように，**教師のオリジナルな教材は，豊かな言語活動を生み出し，それが，子どもたちに確かな「言葉の力」をはぐくむことにつながります。**本書の読者の先生方にも，本書に収められたたくさんの授業のネタを参考に，自分の教室オリジナルの教材づくりに挑戦されることをおすすめします。

第2章 学年別 国語授業のネタ80

 p.14

 p.40

 p.66

 p.94

 p.122

 p.146

| 第2章 学年別 国語授業のネタ80 | 活動の目安となる時間 約10分 | ジャンル あいさつ |

「おはよう！」＋「きのう，何食べた？」で心を開こう！

ねらい
学級の友だちに何気ない会話を切り出すことで，心をつないでいく。

■ネタの概要

　小学校生活への期待を胸にいだきながらも，ドキドキしている１年生。先生や友だちとあいさつを交わしながら，安心して交流できる人間関係を築いていくことが，言葉の学習の第一歩になります。まずは，「おはよう」と言えることが大事ですが，そこに簡単な質問を１つ加えると，会話が生まれます。

　例えば「きのう，何食べた？」。毎日の食にかかわる質問は，いろいろな答えが出てくるのでおすすめです。学級の友だちに関心をもって声をかける，声をかけられたら自分の言葉で答える。そんなやりとりが，日常の中でも見られることを願って取り組みます。子どもには，次のように説明します。

　「あいさつゲームをします。『おはよう』と言ってハイタッチをして，『〇〇さん。きのう何食べた？』って，聞いてください。聞かれたら答えます」

　「５人の人とお話できたら座りましょう」

　「男の子は，女の子。女の子は男の子とあいさつしましょう」などと条件をつけてもよいでしょう。

（山本　真司）

ポイント！
- 教師も参加して，ゲームを盛り上げるべし！
- ときには一歩引き，子どもたちの性格や人間関係を見とるべし！

「おはよう！　みらいさん」
（ハイタッチ）

「おはよう！　ゆうきくん。
きのう，何食べた？」
「ええっと，ハンバーグだったな」
「わぁ～，いいなぁ！
わたしはカレーライスだったよ」

「○○さん」「○○くん」と名前を呼び，ハイタッチすることもポイントです

「おはよう！　あきなさん」
（ハイタッチ）

「おはよう！　ようたくん。
きのう，何した？」
「お母さんと買い物に行ったよ」
「何買いに行ったの？」
「Tシャツを買ってもらったよ」
「どんな？」…

土日の後などは少し質問を変えると会話が弾みます

第2章 学年別 国語授業のネタ80

活動の目安となる時間 約30分　ジャンル 語彙

「ことばあつめしりとり」でたくさんの言葉を集めよう！

> **ねらい**
> 身の回りにあるいろいろな言葉を、ゲームを通して楽しみながら習得させる。

ネタの概要

　低学年のうちに、自分の思いを効果的に伝えるための語彙をなるべく多く獲得させたいものです。

　そこで、次のような手順の「ことばあつめしりとり」を通して、たくさんの言葉に触れていきます。

❶「『ふゆ』のことば」などのテーマを決め、「たべもの」「いえのなか」など４つのカテゴリーごとに知っている言葉をワークシートに書き出させます（より多くの言葉を集めるために、教科書の資料などを活用させます）。

❷３～４人でチームになってしりとりを行い、記録していきます。❶で集めた言葉（＝テーマに合った言葉）を使えば２点、それ以外の言葉には１点が加算されます。

❸チームごとに完成したしりとりを発表しながら、得点を集計します。

　慣れてきたらテーマを難しくしたり、チームの人数を変えたりすることで活動に変化をつけることができます。

(手島隆一郎)

ポイント！

●ゲームを通して、とにかく多くの言葉に触れさせるべし！

テーマに合った言葉をカテゴリー別に書き出します

3〜4人のチームになり，集めた言葉でしりとりをします

完成したしりとりを得点とともに発表すると大盛り上がり！

| 第2章 学年別 国語授業のネタ80 | 活動の目安となる時間 約15分 | ジャンル ひらがな |

お気に入りのものの名前を書こう!

ねらい

身の回りにあるものの名前をひらがなで書くことを通して,文字で表現することのおもしろさを実感させる。

ネタの概要

1年生の1学期,子どもたちは,目で見たり,手で触れたりしながら,身の回りの物事をどんどん吸収していきます。そんな時期だからこそ,それらを文字で表現させ,物事を文字で表すことの楽しさをたっぷり味わわせたいものです。

そこで,次のような手順で楽しく書いて遊びます。

❶縦10文字マスの短冊を準備し,自分の身の回りにあるもので,お気に入りのものの名前を書きます。

❷カードを持ってお気に入りのもののところに集まり,集まった仲間で声をそろえ,一斉に「いすです」などと言います。

❸席に戻り,2枚目,3枚目…と繰り返していきます。

長くても15分程度と短い時間での活動にすることがポイントです。書いたカードは集めて,お気に入りのもののそばにまとめて貼ります。身の回りの物事を文字で表現する楽しさをより身近に感じることになります。

(藤井 大助)

ポイント!

●書く姿勢や文字のバランスなど,子どものよさをどんどんほめるべし!

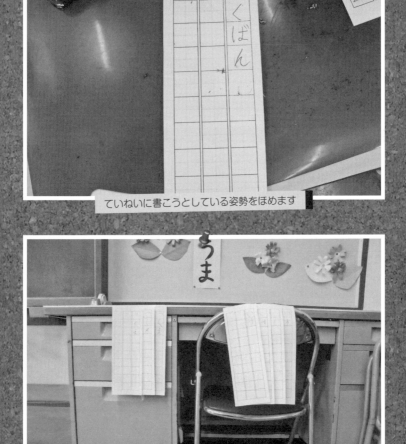

ていねいに書こうとしている姿勢をほめます

お気に入りのもののそばにまとめて短冊を貼ります

第2章 学年別 国語授業のネタ80　　活動の目安となる時間 45分　　ジャンル カタカナ

 1年

お話の中に出てきた音を
カタカナで書こう！

ねらい
　物語の中に出てくる音を表現する言葉をカタカナで書くことを通して，カタカナを使う力を高める。

■ネタの概要

　お話の読み聞かせは，常時活動としてよく行われています。そこで，読み聞かせに，話し合う活動とカタカナを書く活動を組み合わせることで，楽しみながらカタカナを使う力を高めていきます。

❶読み聞かせの前に，その日読み聞かせをするお話の中に音の表現がいくつあるかチェックしておきます。

❷「お話の中に音を表す言葉が出てきます。読み終わったら，用紙にカタカナでその音を4つは書きましょう。友だちと相談してもよいです」と伝えます。

❸読み聞かせの後，相談タイムをとり，用紙に書かせます。

❹4つ以上書いている子を「すごい，7つも書いてる！」などとほめます。

　読み聞かせをしているとき，音の表現が出てきたらわざと大きな声で読むと，子どもたちから「ああ」「うんうん」といったつぶやきが聞かれたり，指を折る姿が見られたりします。

（田中　元康）

ポイント！

●目標の数は，実際に出てくる音の表現より少なく設定するべし！

出てきた音の表現やカタカナの書き方を夢中で相談しています

よみきかせ
ででたおとを
カタカナ4つ！

ゴクゴク
ザーザー
ドキンドキン
ワンワン
ドッキンドッキン
ザーザー
ユラユラ

できたおとをカタカナで4つ。
ザザー
ドキンドキン→ユラユラ
ドッドッ
カッカッ
ウイーン
ワンワン
クイーン
ドキドキ
ゴクゴク

たくさん見つけられた子をどんどんほめ，学級全体の意欲を高めましょう

第2章 学年別 国語授業のネタ80

活動の目安となる時間 約20分

ジャンル 文法

間違いを見つけて書きかえよう！

ねらい
句読点，「　」，拗音・促音の書き方や使い方を理解し，文章の中で正しく使用できるようにする。

■ネタの概要

　句読点，「　」，拗音・促音の書き方や使い方は，1年生のうちにしっかり身につけさせたいところですが，せっかくやるなら楽しく取り組めるようにしたいものです。

　そこで，短い時間でできる間違い探しプリントを用意し，年間を通して取り組んでいきます。右ページの例では，プリントを内容によって2種類に分けています。

○印のプリント…句読点，拗音・促音の間違い
☆印のプリント…「　」の間違い

　手順は以下の通りです。

❶文章を読んで間違いに○をつける。
❷正しい表記を教師が板書し，子どもたちは○をつけたところに気をつけながら丁寧に視写する。
❸間違いの部分を指で押さえながら，声に出して読む。

（藤井　大助）

ポイント！

●ゲーム感覚で取り組めるようにするべし！

句読点，拗音・促音の間違いを正すプリント

「 」だけでなく，その中の句点の位置もあわせて意識させます

第2章 学年別 国語授業のネタ80

活動の目安となる時間 約30分

ジャンル 読み聞かせ

1年 おはなしをきいて おはなししよう！

ねらい
指定された言葉を使って，読み聞かせの感想を述べさせることで，話す力を高める。

■ネタの概要

　1年生にとって，お勉強がますます楽しくなってくる時期です。そんな子どもたちの学習意欲に応える，ちょっと背伸びした活動を紹介します。

　絵本の読み聞かせを聞いて，お話に出てくる登場人物の言ったことや場面の様子について，自分の感じたことを話したり，聞いたりする時間を設定します。そして，読み聞かせの前に，「大すき」「うれしい」「おもしろい」のように，絵本の内容に合う3つくらいの感想の言葉を提示し，その言葉を用いて話をさせます。

　だんだん慣れてきたら，「ちょっと使うのが難しいな…」と子どもが感じるような言葉を入れておきます。「えー，ムリ！」という反応があると，すかさず挑戦しようとする子が現れるので，ここぞとばかり評価します。

　よい表現がみられた場合には，「登場人物が〇〇って言ったところが，…と似ていたから『びっくり』したんだね！」のように，子どもが言ったことを復唱する形で評価しましょう。

（藤井　大助）

ポイント！

●あせらず短い時間で回数を重ねるべし！

感じたことを話すという目的があると、読み聞かせに対する集中力も高まります

『おおきく なるって いうことは』
たのしくなる
こ・ま・る
おもしろい

慣れてきたら、ちょっと使い難い言葉も入れてみます

第2章 学年別 国語授業のネタ80

活動の目安となる時間 約20分

ジャンル 作文・日記

「ありがとう」を伝えよう！

ねらい
友だちに対してお礼を述べる文章を考えることを通して，言葉で自分の思いを伝えることを楽しませる。

ネタの概要

「ありがとう」見つけを通して，夏休み明けのこの時期に，仲間の存在のよさを改めて実感させるネタです。

まず，身近な学校生活の場面を表したイラストをいくつか準備しておきます。「話し合い」や「給食の配膳」の場面などです。

その中の1枚のイラストを黒板に提示し，「ありがとう」とお礼を伝えたくなるような行動を見つけさせます。例えば，当番活動をしているイラストを提示すると，「黒板を消してくれている」「えさをやってくれている」「机をふいてくれている」などなど，子どもたちはすぐにたくさん見つけます。

次に，「○○さん，いつも…してくれてありがとう。とてもうれしいよ」のような「ありがとう」を伝える例文を紹介します。

以上を踏まえ，日常生活の中で見つけた仲間の行動に「ありがとう」を伝える短い時間を，授業の中で定期的にとります。いつでも使えるように，ワークシートを準備しておくとよいでしょう。

（藤井　大助）

ポイント

●子どもが書いた「ありがとう」を，教室に掲示するべし！

【右上】

9がつ26にち
ふじい じゅんこ さんへ
ありがとう
あり がさとう、
えをていねいに
ふいても くれて
いつも、うれしく
よ。ぼくも、
がんばるよ。

【左上】

9がつ12にち
ふじい だいすけ へ
ありがとう
こくばんをけして
くれて、
てありがとう。
うらがらさを、
みつけた

慣れてきたころに，少し長めの例文（右）も紹介するとよいでしょう

【下】

9がつ12にち
じんめい
ありがとう みつけた
○○○○○○○○
あり○○さん、
○をふいて
くれて
ありがとう。
つくえを ふいて くれて、いつも、

文章の中に，相手の名前を必ず入れさせることがポイントです

第2章 学年別 国語授業のネタ80

第2章 学年別 国語授業のネタ80	活動の目安となる時間 約20分	ジャンル スピーチ

フリップランキングで伝えよう！

ねらい

学級や友だちのよさをランキング形式で紹介することを通して，自分の気づきを人に伝えることを楽しむことができるようにする。

■ネタの概要

10月になると，学級の様子や仲間に対してよい気づきをもてる子どもが増えてきます。そんな時期にピッタリのネタです。

まず，教師が「○○ベスト３」というフリップランキングのやり方を紹介します。右ページ上の写真のように，スケッチブックを折って，３位から順に紹介していきます。

やり方を教えたら，子どもに取り組ませます。ランキングについては，「すきなたべものベスト３」「がんばっていることベスト３」など，まずは自分のことから始めるとよいでしょう。そして，「やさしくされたことベスト３」「すてきなあいさつベスト３」のように，徐々に学級を見渡すようなテーマに広げていきます。ポイントは，ランキングに直接名前を出すことはNGとして，説明の中で友だちのよいところやしてもらってうれしかったことを紹介させることです。「２位は，何だと思いますか？」といった問いの言い回しなども指導すると，活動が盛り上がります。

(藤井　大助)

ポイント！

●相手意識をもって話す感覚を大切にさせるべし！

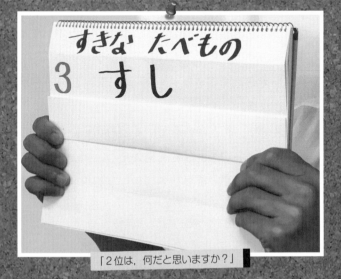

3位から順に紹介していきます

「2位は，何だと思いますか？」

第2章 学年別 国語授業のネタ80	活動の目安となる時間 約20分	ジャンル  作文・日記

「み～つけた」を伝え合おう！

ねらい

身近な生活の中で発見したことを絵や文で書き留め，仲間と伝え合うことができるようにする。

ネタの概要

「み～つけた」は，子どもたちがきらっと輝く瞬間の１つです。そのようなきらっと輝く瞬間を絵や文で簡単に書き留める活動です。

でも，ただ書き留めるだけではちょっともったいないので，１人１冊の「み～つけた」帳をつくり，ペアで１日おきに交換することにします。そうすることで，自分の「み～つけた」をペアの仲間にお話する瞬間が生まれ，その瞬間に，お互いがまたきらっと輝いて，ワクワク，ドキドキが膨らみます。

右ページの「み～つけた」帳は，Ａ３判用紙を切り折りしてつくったものです。絵と文セットで３回分書き留められるので，「自分→仲間→自分」の順で書くことができます。

ペアで題名を考えたり，あとがきを書いて読み合ったりすることもできます。１年生のときから題名やあとがきを考えたり，読み合ったりする機会を意識的につくっていくことで，言葉を通したかかわり合いを，より身近なものとしてとらえさせたいと考えました。

(藤井　大助)

ポイント！

●仲間と一緒につくり上げる活動にするべし！

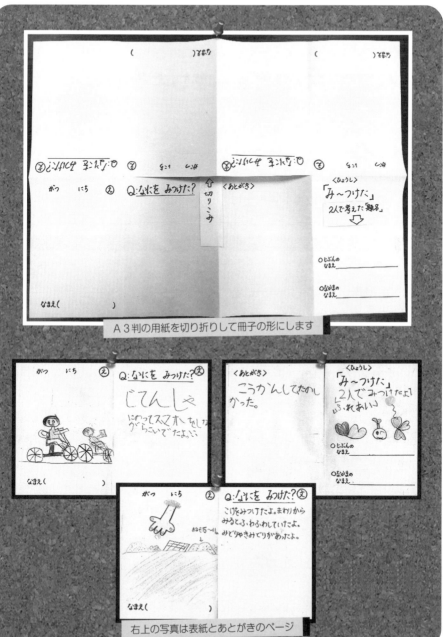

A3判の用紙を切り折りして冊子の形にします

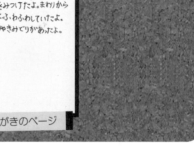

右上の写真は表紙とあとがきのページ

第2章 学年別 国語授業のネタ80

活動の目安となる時間 約15分

ジャンル インタビュー

ペアでインタビューをしよう！

ねらい

相手が聞いてほしいことを想像しながら尋ねることを通して，インタビューの視点をより多く身につけさせる。

ネタの概要

　12月ともなると，クラスの仲間について知っていることもかなり増えています。例えば，「野球を始めたこと」「学校図書館でよく本を借りていること」「朝早く来て運動場で遊んでいること」などなど，自然にまわりの友だちの様子が見えてきているはずです。そこで，朝の会や授業が始まる前に，「おとなりさんにインタビューしよう」という活動はどうでしょうか。

　まずは，インタビュー対象の子どもを1名選び，学級の他の子どもから質問をさせます。「何歳ですか？」など，1問1答で終わってしまう質問が続くときは，「例えば『がんばっていること』など，相手が聞いてほしいなと思いそうなことを尋ねてみましょう」と声をかけてみてください。このようなインタビューの視点は，スケッチブックやカードに書いておき，必要なときいつでも見られるようにしておきます。

　その後のペアでのインタビューの活動は1分交替くらいでテンポよく行い，子どもの「もっとやりたい」を引き出していきます。

（藤井　大助）

ポイント！

●短い時間の活動を繰り返す中で，インタビューの視点を増やすべし！

インタビュー名人の目の
- がんばっていること
- おきにいりの
  - スポーツ
  - 本
  - ばしょ
  - など

「インタビュー名人の目」として視点を増やしていきます

インタビュー名人の目②
- ようすをよく見て
- きいてほしいことを

スケッチブックにまとめた視点を活動前に黒板に掲示します

第2章 学年別 国語授業のネタ80

活動の目安となる時間 45分　　ジャンル　作文・日記

できるようになったことを伝えよう！

ねらい

自分自身に目を向け，「できること」「できるようになったこと」について，表現できるようにする。

ネタの概要

　1月ともなると，2年生に向けて「こんなこともできるようになってほしいな」「これも教えておかなくちゃ」と教師の欲が出て，ついついたくさんのことを教え込んでしまいがちです。そんなときこそ，より一層子どもたちの姿に目を向けたいものです。

　そこで，「できること」や「できるようになったこと」を子どもの言葉で残す学習活動はいかがでしょうか。右ページ下の写真のようにＡ4サイズの用紙を切り折りして，「短冊ブック」の形にまとめます。それぞれの短冊は「〇月〇日　…ができるようになりました」のような文で表現し，絵なども添えさせます。

　活動を始める前に，右ページ上の写真のように書き方を指導します。すきま時間や家庭学習の時間を使い，月曜日に始めて金曜日に読み合う，といった見通しを子どもたちと共有しておくとよいでしょう。

　保護者の方に学校での様子を伝えるきっかけづくりにもなります。

(藤井　大助)

ポイント

●はじめに書き方をきちんと指導するべし！

一年生「できる」ようになったこと

・おてつだい
・てつぼう　　・本 すらすら
・なわとび　　・詩 あんしょう
・ひらがな・カタカナ　・なかよく あそぶ

・1/18 本がすらすら よめるようになりました。
・1/18 なかよく あそべるようになりました。

しってほしいな。
→文にすると

書き方や表現の指導を事前にしっかり行います

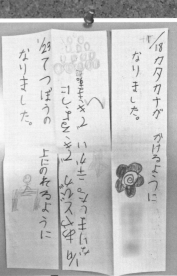

「短冊ブック」の例

第2章
学年別 国語授業のネタ80

活動の目安となる時間

ジャンル  学習のまとめ

クイズで1年間の学習を振り返ろう！

ねらい

国語の授業で扱った教材の中からクイズを出題し，教科書を読み返したりしながら，楽しく1年間の学習内容の振り返りをさせる。

ネタの概要

2月，今年度も終わりが近づいてきました。そこで，子どもたちの大好きなクイズ形式にして，その学年の学習内容のまとめや振り返りを楽しくやってみませんか。

クイズは，「来週の3問」と「今週の1問」の2種類です。どちらのクイズも，多様な答えを許容する問題，教科書を読み返して考えることが効果的な問題を扱うことがポイントです。

「来週の3問」は，金曜日に提示します。A4サイズのワークシートを準備し，できた子から提出します。1週間（木曜日の帰りまで）で1問以上挑戦することを目標とし，家庭学習やすきま時間で取り組ませます。「今週の1問」は，学校での班活動とします。授業のはじめの15分くらいを使います。自分の考えを書いた後，班で考えを出し合ったり調べたりします。

しばらく続けたら，問題やヒントを子どもたちに考えさせてもよいでしょう。

（藤井　大助）

ポイント！

●多様な答えを許容する問題，教科書を読み返す問題を扱うべし！

らいしゅうの 三もん

一、くまのこは、うさぎのこに ももいろの かいがらを あげた。

二、もし、あなたなら サラダに なにを いれて あげますか。

三、せつめい文に あと一ぴき どうぶつを いれるとしたら…

多様な答えを許容する問題（二，三），教科書を読み返すことが効果的な問題（一）を扱います

『まとめクイズ』 月 日 〜

もんだい　りっちゃんの いいところは？

こたえ

〈ヒント〉

形式を示すことで子どもにも出題できるようにします

第2章 学年別 国語授業のネタ80

活動の目安となる時間 約30分

ジャンル 読書

大好きな本の ポップをつくろう！

ねらい

学校図書館で1年間に読んだ本の中から大好きなものを選び，その理由をイラストを添えながらまとめさせる。

■ネタの概要

1年生にとって，学校図書館は心躍る場所の1つです。学校図書館での読み聞かせは，いつもの教室での読み聞かせとはわくわく感が少し違うようです。そんな学校図書館の本を，子どもたちは1年間でたくさん読んできたことでしょう。昔話の絵本や少し長い物語，乗り物や動物の説明的文章の本や絵本，図鑑や子ども新聞に夢中になった子もいるはずです。

そこで，「来年の1年生に，大好きな本を紹介したいね」と投げかけてみませんか。学校図書館で見つけた大好きな本を振り返り，ポップにまとめるのです。

ポップには，「題名」「本を書いた人の名前」「大好きな理由」「イラスト」をかきます。用紙はA4サイズで，右ページ上の写真のような大まかなサンプルを示します。イラストは，時間調整も考えて，最後にかくよう声をかけておきます。場合によっては，「絵はおうちでゆっくりかいていいよ」と伝えてもよいでしょう。

(藤井　大助)

ポイント！

●読書記録を用意しておくべし！

ポップのサンプル。字の大きさなども目安になります

A4用紙をパーツごとに切っておくと便利。完成したら台紙に貼り合わせます

第2章 学年別 国語授業のネタ80　　活動の目安となる時間 約10分　　ジャンル スピーチ

リレー自己紹介でつながるスピーチをしよう！

ねらい
友だちの話題との共通点を見つけさせ，接続詞を適切に用いながら自己紹介できるようにする。

■ネタの概要

　クラス替えがあった4月は，お互いを知るために自己紹介が行われます。そこで，友だちと"つながる"ことを意識させるために，「リレースピーチ」をさせてみましょう。手順は以下の通りです。

❶カードの上に氏名を，下に「好きなもの・こと1」「好きなもの・こと2」「きらいなもの・こと」を書く。

❷全員が書き終わったら，順番に自己紹介をする。

❸自分の前の人が，自分と同じ（似た）もの・ことをあげていたら，「○○さんと同じで△△が好きな（きらいな）□□です」という一文をはじめに述べる。

　友だちとの共通点を探さなければならないため，聞く方も必死です。また，スピーチの中で好きなもの・ことをつなぐ際は「そして」「それから」といった順接を，好きなもの・こととぎらいなもの・ことをつなぐ際は「でも」「だけど」といった逆接を使わせ，接続詞を用いて話すことを意識づけます。

（宍戸　寛昌）

ポイント！

●子どもの心をつなげながら，文と文も接続詞でつなげさせるべし！

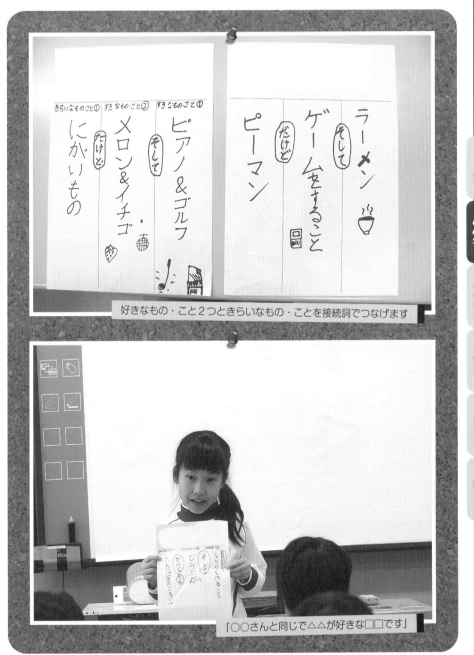

第2章 学年別 国語授業のネタ80

活動の目安となる時間 約15分

ジャンル 漢字

2年 漢字をつなげて感じ合おう！

ねらい
一人ひとりが書いた漢字を並べ，相互の関連性を見つけて熟語をつくることで，漢字に対する興味と理解を深めさせる。

■ネタの概要

新出漢字の習得と，既習漢字の習熟を並行して行う5月は，ともすれば漢字嫌いが生まれやすい時期です。そこで，どの子も楽しく漢字に親しみ，さらに学級全員が仲良くなれる活動を紹介します。手順は以下の通りです。

❶テーマに合った漢字を，一文字だけカードに書きます。
❷カードに磁石をつけ，黒板に並べます。
❸同じ漢字は集めながら，熟語になる漢字は並べながら，整理します。

同じ漢字を書いた子どもには「気が合うねぇ」と，熟語になる漢字を書いた子どもには「つながったねぇ」と声をかけながら貼っていくと，漢字を通して連帯感が生まれます。また同じ漢字が3人から出たときは「×3」，同じ意味の漢字のときは「暖＝温」，熟語になったときは「辞＋典」のように記号を使い，つながりを可視化します。1回目はつながらなかった漢字も，2回，3回と繰り返すうちに生かすことができるようになり，書いた子も喜ぶこと間違いなしです。楽しみながら熟語の理解を深めていきましょう。

(宍戸　寛昌)

ポイント！
●漢字と漢字をつなげながら，子ども同士の心もつなぐべし！

1回目のテーマ「春」。「桜」と「梅」を「花」で囲みます。「新入」という単語も

2回目のテーマ「学校」。仲間外れだった「曲」の字が1回目の「新」と合体!

第2章 学年別 国語授業のネタ80

第2章 学年別 国語授業のネタ80

活動の目安となる時間 45分

ジャンル 語彙

2年

「おいしい」を上手に表そう！

ねらい
食べ物のおいしさを表現する方法を考えることを通して，擬態語・擬声語や比喩を効果的に用いた文章を書くことができるようにする。

ネタの概要

何かを食べたときの「おいしい！」をうまく表現する方法を考える中で，擬声語・擬態語や比喩などを効果的に用いて文章を書く学習です。

まずは，１つの食べ物を決め，学級全員で意見を出し合いながら黒板で整理します。次のように，時間の流れに沿って整理するのがポイントです。

❶題名…………うどん
❷見た様子………どんぶりからゆげが出ています。
❸におい…………かつおのだしのかおり。
❹食感……………ずるるるるうっ，ちゅるん，とめんをすする。
❺味………………こむぎのあじが広がる。
❻食べ終わって…春がやってきたような気もち。

その後，一人ひとりが好きな食べ物を選び，❷～❻の観点のうち，３つほど選んで文章にしていきます。右ページ上のような「おいしい」を表す言葉を一覧にしたプリントを配るのもよいでしょう。

（山本　真司）

ポイント

●だれの文がおいしそうか，読み合って，みんなでお腹を空かせるべし！

「おいしい」をあらわすことば

ひびき・音

あつあつ／あっさり／からっと／からり／かりかり／かりっと／ぎっしり／ぐつぐつ／こってり／ことこと／こりこり／さくさく／さくっと／さっぱり／さらさら／しこしこ／しっとり／しゃきしゃき／しゃきっと／しゃりしゃり／じゅうじゅう／じゅわー／しゅわしゅわ／ずっしり／するする／たっぷり／ちゅるちゅる／つーん／つるっと／つるつる／つるり

とろける／とろっと／とろとろ／とろり／ばさばさ／ばりっと／ばりばり／ぱりぱり／ぱりっと／ひんやり／ぴりぴり／ぴりっと／ふっくら／ぷりぷり／ぷりっと／ぷるぷる／ぷるん／ふわふわ／ふわっと／ふんわり／べっちゃり／ほかほか／ほかっと／ほくほく／ほっこり／ほろほろ／まったり／むっちり／もそもそ／もちもち／もっちり／やんわり

かざり言葉

あきのこない／味がしみた／味わいぶかい／あっさり／後味がいい／あぶらののった／あまい／あまからい／あまずっぱい／うま味がある／かみごたえのある／かおる／クセになる／クセのない／口どけのよい／こうばしい／コクがある／コシのある／こんがり

さっぱり／さわやかな／したざわりのよい／ジューシー／スイート／すっきり／スパイシー／のどごしのような／はごたえのある／はざわりのよい／ピリ辛／ピリッと／ふかみがある／ほのかな／マイルド／まろやか／やみつきになる／やわらかな／リッチな

たとえ

A　～ような　　～みたいな
モノをたとえる　はちみつのようにあまい

B　～ように
文をたとえる　春のたいようをあびるように

使える言葉を一覧にしたプリントを配ると書きやすくなります

児童作品1

コンソメ味のポテトチップス

ビリッとふくろをおなかからやぶるように。ふわっと広がるコンソメのかおり。パリッと口の中へ。ふわっとつぶれて、クセになるんだ。もう止まらない。

児童作品2

おいしさをあらわそう！

3/4 おばあちゃんのぜんざい

石油ストーブでやいたおもちをぜんざいに入れる。
つぶあんとおもちがあわさって、あまいおんがく。
むわっとのびるおもち。
これが日本の味だ。

擬態語・擬声語や比喩が効果的に用いられていると読むだけでお腹が空きます

第2章 学年別 国語授業のネタ80　活動の目安となる時間 約15分　ジャンル ✏ スピーチ

「○○大すき王」を決めよう！

ねらい

大好きなものをテーマにスピーチを行い，受容的に評価されることで，主体的に話す意欲と態度を高める。

■ネタの概要

　普段は人前で話すことが得意でない子どもも，自分の大好きな趣味や動物，食べ物がテーマだと，喜んで話し始めます。

　そこで「ビブリオバトル」をベースに，自分の大好きなものをとことんアピールできる活動を行います。

❶趣味・食べ物・動物・スポーツなどのジャンルから1つテーマを設け，発表の準備をします（1つのテーマにつき4人程度の発表者）。

❷次の点を確認し，制限時間（実態に応じて1～3分）内に発表します。

　・テーマについてよく知らない友だちにも伝わるように

　・実物を使ったり，動きをつけたりしてアピールできるように

❸聞き手は，1人ずつ4つの観点（おもしろさ・くわしさ・聞きやすさ・わかりやすさ）で評価し，順位をつけます。

❹1位4点，4位1点のように点数化して得点を合計し，全員に4観点から見た賞を与えます（突出していない場合「ナイスバランス王」）。

（宍戸　寛昌）

ポイント！

●大好きなことを話して，肯定的に聞いてもらえる経験をさせるべし！

資料を提示しながら、テーマについていかに大好きかをアピールします

必ず全員が〇〇王になれるように「ナイスバランス王」も設けておきます

第2章 学年別 国語授業のネタ80　47

第2章 学年別 国語授業のネタ80

活動の目安となる時間　約20分

ジャンル 作文・日記

普通のことを おもしろく伝えよう！

ねらい

日常生活の中の普通のことを，表現の工夫を考えることでおもしろく伝えられるようにする。

ネタの概要

生活の中で，見たこと，したことを題材に，50字程度の短い文章を書いて，交流します。楽しい文章を書くためのポイントは以下の2つです。

❶日常生活の中の普通のことを題材にする

「どんなニュースが書けそうですか？」と問うと，「クワガタを見つけたこと」「おにごっこで転んだこと」など様々な声が上がります。それらを，生きもの系，遊び系…などと分類しながら板書します。このように，特別な経験ではなく，日常生活の中の普通のことでも題材になることを知らせます。

❷2文目を普通ではない文にする

「きのう，カレーライスを食べました。おいしかったです」という例を示します。「おいしかったです」では普通すぎておもしろくありません。おもしろい文章にするために，2文目をどんな文にするとよいのか意見を出し合います。「からくて目がとびだしました」「食べすぎておなかがばくはつしそうでした」など，普通のことをおもしろく伝える様々な表現を引き出します。

(山本　真司)

ポイント！

●たとえ（比喩）やオノマトペをうまく使わせるべし！

きたないめぐすり

きのう、雨がふりました。ぽつぽつふっていたときに、ぼくの目に雨入りました。ぼくの目つめたかったです。

チョコドーナッツプリンセス

きょうのあさごはんは、チョコドーナッツでした。くちがチョコチョコで、おけしょうみたいに、なってしまいました。

文章だけでなく，題にも読み手を引き込む工夫がされています

ニョロニョロごはん

バナナをうんだころでました。あたまの上にバナナがのりました！

チャハン

チャハンたべすきだ♡。あさごはんにチャハンをもりもりたべました。チャハンをたべすきでー2じかんめがねむくなりました。

ドッチボールキャッチ

ドッチボールをやりました。はじめてもりもりがバウンドをしていないボールをキャッチできました。こわかったです。

カタツムリニュース

きのう雨がふりました。かたつむりをぼくはつかまえてもちかえったかつむりがなぜしたらかつむりがあたまもへんでこしました。

べんきょうびんち

べんきょうびんち！わたしは、べんきょうをわすれてねたらおそくねたからおきるのがおそくなって、でんきょうがでできなくなってびんち！

おともだちとあそんだ

おともだちとあそんだ。らいおんがあわれた。そしたらいけんがあった。たときに、かえるじかんだった。

ザイルクライミング名人

うわ上までいけたぁ〜！ザイルクライミングであそびました。いちばん上までいけました。今とはもっとはやくのぼってザイルクライミング名人になりたいよ〜

ダンゴムシニュース

わたしは、きょう、雨がふって、ぜんねんなのですが、きょうは、ダンゴムシがいっぱいいたので、でてもうれしいです。

A3用紙8分の1の大きさで書かせると，まとめて印刷・配付するのに便利です

第2章 学年別 国語授業のネタ80

活動の目安となる時間　**45分**

ジャンル　**作文・日記**

自分だけの運動会物語を書こう！

ねらい
話の順序や構成を工夫して，山場のある物語（文章）を書けるようにする。

ネタの概要

運動会が終わると，「とても素敵な運動会でした。練習や本番でのエピソードをもっと知りたいです」といったメッセージが，保護者の方から連絡帳を通じて届くことがあります。そこで，「自分だけの運動会物語をおうちの人に伝えよう」と投げかけます。

まずは，運動会に向けた練習や本番の様子をスライドショーで振り返ります。しかし，出来事を羅列するだけでは，保護者に感動を与えるような物語にはなりません。そこで，モデル文を通して話の順序や組み立てをみていき，読み手を感動させるような山場のある文章の書き方を考えさせます。

そして，実際に山場のある物語を書けるように，右ページ下のような「お話のたからばこ」を配付します。ポイントは，物語の山場となる「骨の文」（上の横書きの部分）をはじめに記述し，「骨の文」にまつわる出来事を，順を追って書かせるということです。こうすることで，出来事の記述が，単なる羅列になりにくくなるというメリットがあります。

（長屋　樹廣）

ポイント

● まずは物語の山場を明らかにさせるべし！

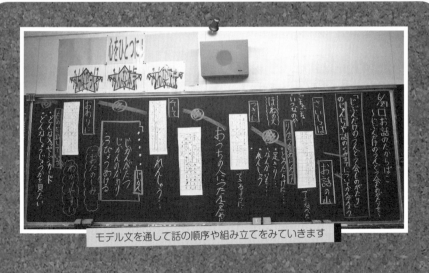

モデル文を通して話の順序や組み立てをみていきます

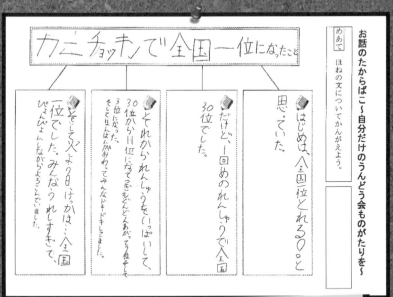

物語の山場となる「骨の文」(上の横書きの部分)をはじめに記述させます

読み聞かせを聞いて「お話リレー」をしよう！

活動の目安となる時間 45分
ジャンル 読み聞かせ

2年

ねらい

昔話の読み聞かせを聞いたり，あらすじを話し合ったりすることで，昔話に親しみを感じさせる。

ネタの概要

　常時活動として，読み聞かせを行っている学級は多いと思います。その読み聞かせを，「お話リレー」という活動とセットにすることで，子どもをより主体的な読者にすることができます。ここでは「桃太郎」を例にして紹介しますが，話の筋がわかりやすい昔話がおすすめです。

　一度教師が読み聞かせを行った後，6～10人ずつ程度に子どもを分け，適当な枚数の短冊とフェルトペン1本を各チームに配ります。そして，教師が「むか〜しむかし，あるところにおじいさんとおばあさんがいました」と冒頭の一文をもう一度読みます。これがスタートの合図です。一番目の子は「①おじいさんは山へ…」などと短冊にフェルトペンで話の続きを書きます。書き終わり次第，2番目の子が「②おばあさんは川へ…」などと短冊に書き，「めでたし，めでたし」と書き上げるまで，リレーを続けます。

　書き上げた昔話に「きびだんごもあげないのに仲間になった犬は偉いね！」などとツッコミを入れながらみんなで味わえば，教室に笑いがあふれます。

(今野　智功)

ポイント！

●教師は，やさしさとユーモアあふれるツッコミを入れるべし！

はじめはペアで相談させながら練習させるとよいでしょう

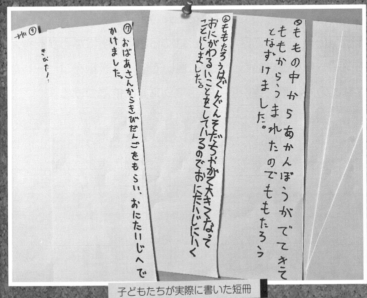

子どもたちが実際に書いた短冊

| 第2章 学年別 国語授業のネタ80 | 活動の目安となる時間 3時間 | ジャンル 読書 |

自分たちだけの「お話マップ」をつくろう！

ねらい

読んだ本を2軸4象限の表で分類することで，自分たちの読書の傾向をつかませ，今後の読書活動に生かせるようにする。

■ネタの概要

子どもが自分の読書傾向をつかむために，読書の記録をつくる活動は，多くの学校でされていると思います。ここでは，読書ファイルのような形ではなく，右ページの写真のように，2軸4象限の大きな表（お話マップ）でより視覚的に読書の記録をつくるネタを紹介します。

❶お話を読んだら，そのお話が表のどれくらいの位置になるかを考える。

❷お話のタイトルを書き込む，付箋に書いて貼る，表紙をコピーしたものを貼る，などの方法で，実際に「お話マップ」に位置づける。

「お話マップ」は学習班ごとに用意します。右ページの写真は小規模校で行った実践なので，教師が表紙を小さくコピーして貼らせることにしましたが，付箋を使う方が貼り替えも容易にでき，活動しやすいでしょう。

子どもたちは，「う〜ん，右かな」「もう少し上かも」などと，自分の感覚をフル活用して考えます。年間通して取り組むと，低学年生でも自分たちのおおよその読書傾向をつかむことができます。

（佐藤　拓）

ポイント！

●直感でどんどん分類できるよう軸を工夫するべし！

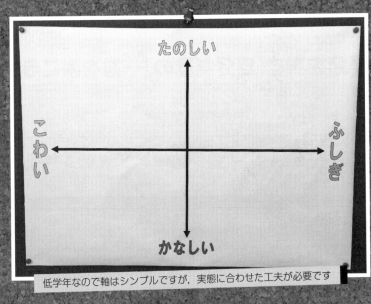

低学年なので軸はシンプルですが，実態に合わせた工夫が必要です

本が増えてくると自分たちの読書の傾向がみえてきます

第2章 学年別 国語授業のネタ80

活動の目安となる時間 約20分　ジャンル 語彙

季節を表す「自分だけの」一言を書こう！

ねらい
季節を表す一言を考えさせ，季節感を受け取り表現する感性を養う。

■ネタの概要

　春夏秋冬の季節について表現活動をする単元がよくあります。体験したことを，文章で表現するにしても，俳句で表現するにしても，結局どの場面を切り取るのかというところに言葉のセンスが表れます。そこで，季節感を表すにはもっと短い一言でもよいのではないかと構想したのがこのネタです。要するに，季節（例えば「夏」）を表す一言を書こうということです。

　ただ，「かき氷は冷たいな」では，あまりにも凡庸な表現であり，人の心を打つことはないでしょう。そこで，オリジナリティのあふれる一言を目指します。短い時間で効率的に指導する手順を以下に示します。

❶季節にかかわる多様な言葉を出させる（題材が新鮮なだけでオリジナリティのある一言になります）。
❷手本と書き方のポイントを示す（右ページ上の写真参照）。
❸「うれしい」など気持ちを表す言葉を使わないことを約束する。
❹他の子が思いつかないような「自分だけの一言」を目指すことを確認する。
❺1つの題材を全体で意見を出し合いながら考えた後，個々に考えさせる。

（山本　真司）

ポイント！

●一人ひとりの着想のおもしろさをみんなで楽しむべし！

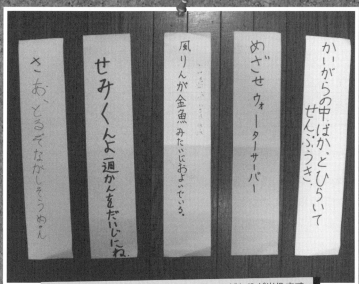

手本と書き方のポイントを提示することで、見通しをもたせます

「夏」の例。短い言葉の中にもその子のこだわりが光ります

| 第2章 学年別 国語授業のネタ80 | 活動の目安となる時間　45分 | ジャンル　物語文 |

会話文にタイトルをつけて登場人物の気持ちを上手に表そう！

ねらい
登場人物の行動や会話に注目して場面の様子を読む力を習得させる。

■ネタの概要

音読をするときに，うれしそうに読む，悲しそうに読むだけでは，その子がどのような文を基に気持ちを読み取ったのかわかりません。

そこで，「ゆげが出るくらいおこっているわよ読み」のように，会話文に自分が読みたいタイトルをつけて，音読の前に「『〇〇読み』をします」と宣言して読ませます。理由も言わせると，「ゆげが出ているから。あついわよと言っているから」など，タイトルの根拠になる文を探すようになります。

この読み方を繰り返すことで，読みの力がつき，同時に表現豊かな音読がたくさん見られるようになります。

やり方は以下の通りです。

❶注目する会話文を決め，どのように読みたいか考える。
❷その読みの根拠になる文を探す。
❸その読みに合ったタイトルをつけて読む。

身振り・手振りを入れたり，ペープサートを入れたりすると，子どもたちもより楽しんで取り組んでくれます。

(比江嶋　哲)

ポイント！
●タイトルを工夫して，みんなで楽しく交流させるべし！

◎ 大すきな 場めんを ペープサートで あらわそう
「名前を 見て ちょうだい」 五の 場めん ② 名前（　　　）

め 大すきな 場めんを ペープサートで あらわす ために、大男に 立ちむかう えっちゃんの ようすや 気もちを そうぞうして 読もう。

○ 書かれている ことばを もとにして、会話文の 読み方を 考えよう。

「食べるなら 食べなさい。あたし、おこって いるから、（あついわよ　　）。ゆげが 出るくらい おこっているわよ」
読み

「あたしの ぼうしを (かえしなさい)。大男に なんか ぜったい まけないわよ」
読み

あたしの ぼうしを かえしなさい。おかあさんから もらった たいじな ぼうしを ぜったい かえしてもらうわ。大男に なんか ぜったいに まけないわよ。

できたかな。
○○読み	サイドライン
◎	◎

自分の考えた読み方をワークシートに書いていきます

はっぴょうの かたち

わたし（ぼく）は、―――に サイドラインを 引きました。そこから、えっちゃんの 〜と いう 気もちが わかるので、○○読みと しました。読みます。

身振り・手振りを交えながら読みます

第2章
学年別 国語授業のネタ80

活動の目安となる時間 約20分

ジャンル 文法

主語・述語マスターになろう！

ねらい

主語の省略や主語と述語のねじれに気づき，言葉を補ったり，対応関係を直したりできるようにする。

ネタの概要

主語と述語の関係について，教科書では，「何が（は），」→「どうする／どんなだ／何だ」という関係になっていると説明されています。

しかし，子どもが日常生活で触れる文では，「えんぴつと紙を見つけました」のように，主語が省略されているケースが少なくありません。このような構成上の注意事項もしっかり教える必要があります。

また，子どもが文章を書いたり，設問に答えたりする際，「ぼくがケーキをすきなりゆうは，あまくておいしいからすきです」のように，主語と述語の関係がねじれてしまうケースもよく見かけます。このような，主語と述語の対応についても，しっかり教えておきたいところです。

そこで，主語の省略されている文や，主語と述語がねじれている文を提示し，主語を補ったり，主語と述語をきちんと対応させたりする活動に取り組ませます。

友だちと相談してもよいことにすると，随所で教え合う姿が見られます。

（山本　真司）

ポイント

●クイズ感覚で，楽しんで取り組ませるべし！

しょうりゃくされた主語は何でしょう。

1. お母さんが作ったお弁当です。
2. 明日、旅行に行きます。
3. 雪がまだ少しのこって、しんとしています。
4. 広がると、ちょうどらっかさんのようになります。
5. 今日は、かけっこで一番になりました。
6. ろうそくの火が切れたので、暗い。
7. せいを高くする方が、わた毛に風がよくあたって、たねをとおくまでとばすことができるからです。
8. みんながいないので、さみしかったです。
9. 先生がさがしていた本だと、きづきました。

省略されている主語は何かを考える問題

正しく書きなおそう。

1. 遠足が中止になったのは、雨がふっていたから中止になりました。
2. このお話は、がまくんがお手紙をもらってよろこびます。
3. ぼくのゆめは、サッカーのせんしゅになって、ゴールをたくさんきめます。
4. うれしかったのは、お母さんがよろこんでくれたので、わたしもしあわせな気もちになりました。
5. 友だち「どうしてうれしいのかな」
   わたし「はじめてお手紙をもらったことです」
6. 先生「心にのこったのは、どんなことですか」
   子ども「みんなでごはんを食べた」
7. 先生「どんな本ですか」
   子ども「とても楽しいです」

ねじれの文。実際に子どもが書いた文を記録しておくと、問題に使えます

第2章 学年別 国語授業のネタ80

活動の目安となる時間　45分　ジャンル　物語文

2年 「みえーるめがね」で昔話のよさを紹介しよう！

ねらい
昔話のおもしろさを，視点を定めて読み取る力を習得させる。

ネタの概要

昔話には，言葉の言い回し，登場人物の特徴，起承転結がはっきりしたストーリーなどにおもしろさがあります。

この魅力に子どもたちが気づき，積極的に紹介できるよう「みえーるめがね」という活動をやってみます。「みえーるめがね」とは，右のレンズに紹介したい昔話の絵があり，左のレンズにその物語のおもしろかったところを書くワークシートです。

おもしろいところは，次の3つの視点のどれかで書かせます。

❶言葉の言い回し
❷登場人物の特徴
❸中心人物の変化

3つの視点のうち，自分が選んだ視点で書かせた後，「○○のおもしろいところがみえーる」と言いながら，子ども同士で紹介をさせていきます。他の視点で書きたいときは2枚目を書かせるとよいでしょう。

昔話のよさを考えながら読むようになり，読む力も高まっていきます。

（比江嶋　哲）

ポイント

●昔話のおもしろさを，視点を定めてとらえさせるべし！

右のレンズに絵と視点を，左のレンズにはおもしろかったところを書きます

導入で大きなめがねを使うと効果的です

第2章 学年別 国語授業のネタ80

活動の目安となる時間 約20分

ジャンル 語彙

似た意味の言葉で
イメージチェンジ！

ねらい
似た意味をもつ言葉を用いた二文を書くことで，言葉の選び方で与える印象が変わることを実感させる。

ネタの概要

　ぼくとお母さんは，「おいしい」と言いながら，ごはんを食べました。

　この文にあるいくつかの言葉は，他の似た意味をもつ言葉に置き換えることができます。例えば，「ぼく」→「わたくし」，「お母さん」→「母上」，「おいしい」→「おいしゅうございます」，「言う」→「語る」，「ごはん」→「お食事」，「食べる」→「いただく」と置き換えることができます。すると，文が与えるイメージが大きく変わります。

　わたくしと母上は，「おいしゅうございます」と語りながら，お食事をいただきました。

　似た意味をもつ言葉に置き換えながら文をつくることを通して，適切な言葉を選ぶことの大切さを楽しく学ぶことができます。

(山本　真司)

ポイント

●できた文をみんなで読み合い，大いに楽しむべし！

ぼくとお母さんは、「おいしい。」と言いながら、ごはんを食べました。
おれと母ちゃんに「うめぇ。」とさけびながら めしをくった。

ぼくとお母さんは、「おいしい。」と言いながら、ごはんを食べました。
わたしとママは、「さいこう♡♡」と、さけびながらランチをほおばった。

まずは，元になる文を似た意味の言葉に置き換えながら別の文をつくります

お父さんが絵を書くのに考える。
ははがずをかくのになやむ。

わたしの母はきれいです。
わたくしの母上は、美人です

カレンダーを見る
こよみを読む

さらに，似た意味の言葉を用いて二文をつくります

第2章 学年別 国語授業のネタ80

活動の目安となる時間 約20分

ジャンル 対話

3年 対話の基本をしりとりで学ぼう！

ねらい
しりとり遊びを通して，対話のときの基本的な態度を身につけさせる。

■ネタの概要

　学年の始まり，これから国語教室を経営するにあたり，最も大切にしたい学習規律の１つに「対話」があります。話し手が自分の伝えたいことを懸命に語り，聞き手が相手の思いを受け取ろうと懸命に聴く。そんな教室の空気をつくる第一歩として，対話する環境づくりを考えたいと思います。

　しりとりは，次のような点で対話の基本と言えます。

- １人ずつ順番に話す。
- ２人が同じだけ話す。
- 相手の言葉につなげて話す。

　「合わせて10個終わったペアから手をあげなさい」と，ゲーム性をもたせて行います。素早く終わるペアは，顔を寄せ合い，一生懸命に相手の声を聴こうとしています。相手が答えに詰まれば，ヒントをあげたりして何とか言葉をつなげようとします。そんな姿をほめて価値づけることで，どんどんよい姿が広がっていきます。

　しっかり聴かなければ言葉がつながらないので，学級全体でリレー形式で行うのもおすすめです。

（岩崎　直哉）

ポイント！
- 簡単な活動を通して，よい対話の姿を価値づけるべし！

互いに向き合って聴くペア対話

話し手に顔を向けて聴く全体対話

第2章　学年別 国語授業のネタ80

活動の目安となる時間　45分

ジャンル　説明文

「説明文リーフレット」を書こう！

ねらい

モデル文から説明文の段落構成をつかみ，中心となる語や文をとらえたり段落相互の関係を考えながら，説明文を紹介できるようにする。

ネタの概要

「説明文リーフレット」（説明文を紹介する１枚の案内状）を作成し，学級・全校児童に紹介するという活動です。

実際の授業では，「めだか」（教科書教材）や「ヤドカリ」をモデル文として，まず「序論」－「本論①」－「つなぎの段落」－「本論②」－「結論」という段落構成をつかませました。

次に，自分が選んだ説明文について，図鑑や事典などを調べたりしながら「組み立てメモ」（説明文を記述する際に中心となるメモ）をつくり，それらを仲間分けすることで，段落相互の関係について考えます。

そして，上記の段落構成を生かして，実際にリーフレットを記述していきます。記述する際は，紹介する説明文の中心となる言葉や文をとらえ，段落相互の関係を考えて記述する必要があります。

作成したリーフレットを紹介する活動では，互いの感じ方の共通点や相違点に気づかせていきます。

（長屋　樹廣）

ポイント

●段落相互の関係を考えながら記述させるべし！

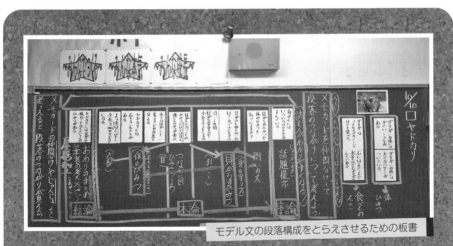

モデル文の段落構成をとらえさせるための板書

月

月は地球に一番近い星です。

夕方、だんだん月が見えてきます。

みなさん、月をうちゅうから見た時のひみつを知っていますか。

地球から見た時のひみつや、月をうちゅうから見るとひみつがあります。

第一に、うちゅうから地球を見た時にまるいあながたくさんあって数えきれないほどあいています。これをクレーターといいますが、クレーターの中には四国がすっぽりはいってしまうほど大きなものもあります。

第二に、クレーターについてです。クレーターはいんが石がおちてきてひょうめんにあながあいたのです。

月をうちゅうから見るとこれだけでなく、地球から月を見ても、ひみつがわかります。

第二に月の目をよく見てください。なにが悪いもようが見えます。この黒いもようはむかしの人はこのもようを見て月にほうきがやねこがすんでいると考えていました。みなさんは何に見えますか。

日本ではうさぎがもちつきをしているようだといわれます。
第二に地球から見た月についていわれたもようがちがいますがきれいな女の人やカニに見えるともいわれてきました。

このように月はうちゅうから見るだけでなく、地球から見るとちがって見えるのです。

でも月のひみつがわかってくるのでみなさんも月を見たらぜひかんさつをしてみてください。

子どもが実際に作成した説明文リーフレット

第2章 学年別 国語授業のネタ80

活動の目安となる時間 約15分　ジャンル 作文・日記

「ドーナツチャート」で作文のテーマをバシッと決めよう！

ねらい

調べ学習や作文の学習で，調べるテーマや書くテーマを手早く整理し，掘り下げられるようにする。

ネタの概要

　調べ学習や作文の学習で，調べるテーマや書くテーマが思い浮かばなかったり，決められなかったりする子が少なくありません。

　そこで，「ドーナツチャート」を使った，テーマを手早く整理し，掘り下げる方法を紹介します。

❶ドーナツチャート①の真ん中に大まかなテーマを書き，そのまわりに関連することを書く（右ページ上の写真）。

❷ドーナツチャート①でまわりに書いたことの中から，調べたいことや書きたいことを1つ選び，ドーナツチャート②の真ん中に書く。

❸❶と同じように，ドーナツチャート②のまわりに関連することを書く。

　この，ドーナツチャートの優れているところは，関連することをまわりに並べるだけで，簡単にテーマを整理しながら掘り下げていくことができる点です。まわりに書くことの数は，ねらいや子どもの実態に合わせて変えていくとよいでしょう。

（伊東　恭一）

ポイント！

●言葉を並べる感覚で，気楽に書かせるべし！

🔍 ドーナツチャート

(め) どうして昔のものがのこされているのか調べよう。

1 ドーナツチャートで調べたいことをみつけよう。

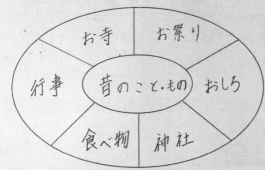

真ん中に大きなテーマ，まわりにそのテーマに関連することを書きます

知りたいこと

大きいテーマ	
神社	について

2 1できめたテーマをさらにくわしく。

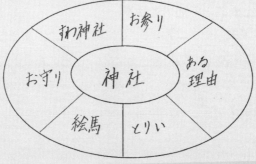

1のチャートから1つ選んだことを2のチャートで掘り下げていきます

第２章 学年別 国語授業のネタ80

活動の目安となる時間　**45分**　　ジャンル 　**文法**

おたよりから「こそあど言葉」を探そう！

ねらい

学校から配付される様々なおたよりから「こそあど言葉」を探すことを通して，言葉の使い分けを定着させる。

■ネタの概要

　３年では，言葉の学習として「こそあど言葉」を扱います。その定着を目的として，学校から配付される様々なおたよりから「こそあど言葉」を探させる活動です。

　親しみのある身近な文章にも，「こそあど言葉」が使い分けて用いられていることが理解できます。

❶蛍光ペンで配付されたおたよりの中の「こそあど言葉」をチェックする。

❷チェックした「こそあど言葉」を全体で確認する。

❸言葉をピックアップして，異なる「こそあど言葉」だったらどう感じるかを問い，感じたことを述べさせる。

　学級通信→学年通信→学校通信→新聞のように，文章量や文体の面からステップアップを意識して取り組ませると，さらに意欲的に取り組むようになります。年間を通じて継続することができ，学校の配付物に興味をもつきっかけにもなります。

（大江　雅之）

ポイント！

●身の回りの文書を活用するという視点をもつべし！

活動に入る前に「こそあど言葉」について確認します

複数のおたよりに取り組ませると，意欲と集中力がアップします

第2章 学年別 国語授業のネタ80

活動の目安となる時間　**45分**　ジャンル　**物語文**

「○○ボックス」で作品を紹介しよう！

ねらい

「○○ボックス」をつくることを通して、物語のあらすじ、人物像、心情変化、同一作者の作品の共通点等をとらえる力を身につけさせる。

ネタの概要

紹介する物語作品（○○）を決め、右ページの写真のように、紙のボックスの各面に、物語のあらすじ、登場人物の人物像、心情変化、同一作者の作品の共通点等を書いて、作品を紹介する活動です。

作品をとらえる視点を決めることで、子どもの感じ方の違いなどが表れやすくなります。

まずは教科書の教材文で書き方（つくり方）を学習します。その際、教師がつくった実物モデルを紹介するとよいでしょう。また、右ページ下の写真のように、文章だけでなく絵もかかせるようにすると、より個性的な「○○ボックス」ができ上がります。

その後、自分のお気に入りの本や作者等を選んでつくらせます。「学校の玄関前廊下で全校児童や来校者に向けて展示しよう」と投げかけると、より高い意欲をもって活動に取り組むことができます。

（長屋　樹廣）

ポイント！

- ●教師がモデルを示すべし！
- ●でき上がった作品を展示する機会をつくるべし！

教師がモデルを示し，子どもたちに見通しをもたせます

文章だけでなく絵もかかせると，より個性的な作品になります

第2章
学年別 国語授業のネタ80

活動の目安となる時間　45分

ジャンル　漢字

1学期に学習した漢字を使って文章をつくろう！

ねらい

1学期に学習した漢字を用いて文を創作することを通して，楽しみながら語彙を増やさせる。

ネタの概要

漢字の学習には様々な方法がありますが，ただ書かせるだけではなかなか定着に至りません。繰り返しの反復も大切ですが，その取り組ませ方1つで子どもの意欲は変わります。今回は，その方法を紹介します。

❶1学期に学習した漢字の一覧表をつくり（エクセルで作成が便利），黒板に掲示します。一覧表の縦横の字数は同じくらいになるようにします。

❷縦の列か横の列を使って，文をつくります。文は完全な創作でよいこととします。

❸新しく学習した漢字を1つ使えば1点とします。制限時間内に何点とれるかやってみます。列の漢字をすべて使うことができたらボーナス点が入るようなしかけをつくると盛り上がります。

また，1学期中に国語辞典の引き方を学習しているので，熟語はドリルではなく国語辞典から選ばせてみてもよいでしょう。辞書引きの習慣もついて一石二鳥です。

（弥延　浩史）

ポイント

●漢字を定着させるには，言葉の意味とセットで覚えさせていくべし！

	①	②	③	④	⑤	⑥
1	葉	童	練	表	持	開
2	起	館	泳	役	味	全
3	面	章	漢	調	育	使
4	向	物	意	身	題	守
5	緑	運	和	昭	落	皿
6	感	動	所	習	号	始

縦6×横6の一覧表。字数は慣れに応じて増減させます

辞書を引くことに慣れ，語彙も増えるので，まさに一石二鳥の活動

第2章
学年別 国語授業のネタ80

活動の目安となる時間　45分

ジャンル　説明文

名前を知らない便利なアイツを紹介しよう！

> **ねらい**
> 身近にある便利なものを，文の構成や必要な情報などを考えながら紹介することによって，説明的な文章を書く力を高める。

■ネタの概要

　私たちの身近には，はっきりした名前はわからないものの，生活の中で大いに活用されているものがたくさんあります。そんな便利なものを探し，型を基にして説明文を書く活動です。例えば，次のようなものを紹介します。

- ●果物を保護する白いアミ　　　　　　　　…フルーツキャップ
- ●中華まんの底の耐油性にすぐれた紙　　　…グラシン紙
- ●折るとマスタードとケチャップが同時に出る容器…ディスペンパック
- ●専門店にあるカレーを入れる器　　　　　…グレイビーボート

　まだまだたくさんありますが，身近にある便利なものに目を向ける機会にもなりますし，名前を知るよい機会にもなります。クラス全員の「便利なアイツ発表」をしっかり聞いた子は，「身近な道具もの知り博士」にもなれるかもしれません。

　説明をする内容は，成長段階を踏まえ，「どんなときに使うのか」「どのように便利なのか」の2項目とするとよいでしょう。

（大江　雅之）

ポイント！

●説明文の例と実物を用意して活動のイメージをもたせるべし！

「知ってる！」「使ってる！」でも名前は知らない…

型に基づいて簡単な説明文をつくることができます

第2章 学年別 国語授業のネタ80

活動の目安となる時間 約20分

ジャンル スピーチ

「5○(ご-まる)スピーチ」で上手な話し方,聞き方を身につけよう!

ねらい

伝えたいことを順序よく話す方法と,友だちの話を受容的,共感的に聞く態度を身につけさせる。

■ネタの概要

　5○(ごーまる)スピーチの「○」は,句点(。)のことです。話し手が,5つの文で順序よく話し,聞き手は句点ごとにうなずいたり,相づちを打ったりします。話し手は聞き手に伝わるように順序よく話せるようになり,聞き手には受容的,共感的態度を身につけさせることができます。

　2人で1組になり,1人が昨日の出来事を5つの文で話します。その際,1文ごと(句点ごと)に少し間を空けさせるようにします。

　もう1人の聞く側は,句点ごとに指を折りながらうなずき,反応しながら聞きます。そして,最後の5つめで「合格!」と言います。

例　昨日動物園に行きました。(うんうん)　そこでライオンを見ました。(いいなぁ)　ライオンは「ガオー」とほえました。(こわい!)　ぼくはとてもびっくりしました。(うん,たしかに)　また行きたいです。(合格!)

　みんなの前で発表し,全員で反応しながら聞いたり,感想を3○(さんまる)スピーチで返してあげる方法もあります。

(比江嶋　哲)

ポイント!

●句点ごとに,楽しく,わかりやすい反応をさせるべし!

聞く側が句点のたびに指を折りながら反応してあげます

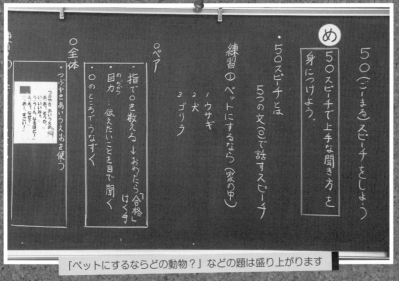
「ペットにするならどの動物?」などの題は盛り上がります

第2章 学年別 国語授業のネタ80

第2章 学年別 国語授業のネタ80　　活動の目安となる時間 3時間　　ジャンル 言語文化

3年

「ことわざかるた」でいろんなことわざに触れよう！

ねらい

本や辞典で調べて「ことわざかるた」をつくり，友だちと遊ぶことを通して，日本には様々なことわざや故事成語があることに気づかせる。

ネタの概要

お気に入りのことわざを，かるたにします。かるたは表面に絵を，裏面にことわざを書きます。かるた用の用紙は，八つ切り画用紙を8つに切るとちょうどよい大きさになります。

❶図書館の本や辞典などから，お気に入りのことわざを8つ程度選び，ノートに意味と一緒に書きます。

❷かるた用の用紙を1人に8枚ずつ配ります。表面には，ことわざを絵で表します。裏面には，そのことわざを書いておきます。

❸全部書き終えたら，グループで遊びます。4人1組となり，書いた人が読み手をします。残りの3人に自分の札を取ってもらいます。

絵がわかりにくかったり，知らないことわざが出てきたりした場合「これどういう意味？」と，ことわざの意味についての学び合いが自然に始まります。慣れてきたら，2人分のかるたを混ぜるなどの工夫を子どもたち自身でし始めます。

（広山　隆行）

ポイント

●かるたを読んで，聞いて，目と耳でことわざに触れさせるべし！

つくった「ことわざかるた」を使ってみんなで遊びます

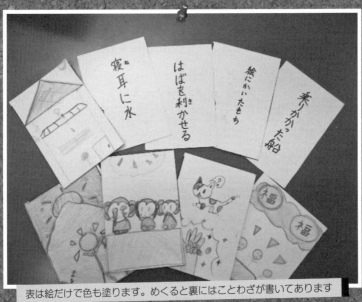
表は絵だけで色も塗ります。めくると裏にはことわざが書いてあります

第2章 学年別 国語授業のネタ80

活動の目安となる時間 約15分

ジャンル 言語文化

「オノマトペゲーム」で言葉の感覚を磨こう！

ねらい
ゲームを通して，着目する箇所やものの感じ方によって，選ぶ言葉が変わることを理解させる。

ネタの概要

中学年のうちに，言葉に関する知識の1つとして，オノマトペ（擬声語・擬態語）の働きを身につけさせておきたいものです。オノマトペは，「状態や様子を音で表した言葉」などと押さえるとよいでしょう。

以下の手順で，ゲームとして楽しく学習することができます。

❶写真を見て，聞こえてくるオノマトペを想像する。
❷想像したオノマトペをノートに書く。
❸「さんはい！」の合図で書いたオノマトペを読み，ペアと同じなら成功！

様々なオノマトペが登場したり，見事一致したりして，教室中が活気であふれます。

右ページ上のように，情報量が多く，オノマトペに違いが出やすい写真を提示したときには，「違いが現れたのはどうしてでしょう？」と発問します。子どもたちは「川を見た人と，釣り針の先を見た人がいるから」などと反応し，見るところで選ぶ言葉が変わることに気づくことでしょう。

（藤原　隆博）

ポイント
●ゲームを通して共通点には喜び，差異点からは深い学びを導くべし！

上の写真は、見るところによって異なるオノマトペが聞こえてきます

お隣さんと同じオノマトペが書けたら大喜び!!

| 第2章 学年別 国語授業のネタ80 | 活動の目安となる時間 約30分 | ジャンル 作文・日記 |

「付箋添削法」で作文がgood(グッと)よくなる！

> **ねらい**
> 書いた作文を読み合い，意味段落を区分けすることを通して，よりよい内容表現を考え，書き改められるようにする。

■ネタの概要

　中学年の「書くこと」についての指導事項オに「文章の間違いを正したり，よりよい表現に書き直したりすること」があげられています。そこで，誤字脱字の推敲に留まらず，内容を見直し，「よりよい表現に書き直し」をさせるための，「付箋添削法」をおすすめします。

　付箋添削法は，付箋の色に意味を与えて，友だちの作文の意味段落を区分けする方法です。3色の付箋を用意し，それぞれに意味をもたせます。

例　読書感想文の場合

　　ピンク…本のあらすじ　　　黄…心に残った言葉，文
　　青………生活に生かしたいこと，自分だったらこうするなどの考え

❶3～4人組をつくり，書いた作文を交換する。
❷作文を読み，意味段落ごとに付箋の色を分けて貼る。
　（すでに貼られた付箋と重複する場合は貼らない）
❸自分の作文に貼られた付箋から，見直したい内容を書き足す。

(藤原　隆博)

■ポイント！

●付箋の色で文章構成を明らかにし，見直す箇所を焦点化するべし！

複数の友だちが読み、付箋を貼ることで、書かれた作文の文章構成が明確化されます

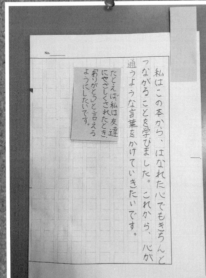

付箋添削法を経て、生活に生かしたいことを書き足した作文の例

第2章 学年別 国語授業のネタ80

活動の目安となる時間 45分　ジャンル 言語文化

オノマトペを集めよう！

ねらい
音を表す言葉や様子を表す言葉の効果を考えることで、作文や日記などの書く活動に活用できるようにする。

ネタの概要

　低学年で音や様子を表す言葉を学習します。しかし、それが十分に生かされていないので、中学年になっても「したこと」をなぞっただけの作文や日記に出合います。今回は、それを打破する実践を紹介します。

　まず、「どんな音？　どんな様子？　クイズ」を行います。例えば、目の前で先生が紙を破ります。その様子を見て、子どもに文をつくらせるのです。「先生が紙を破った」「先生が紙をビリビリ破った」などが子どもから出てくるでしょう。そこで、オノマトペ（擬音語・擬態語）が入っている文とそうでない文ではどう受け取り方が変わるかを考えさせます。

　次に、先生がぴょんぴょん飛び跳ねたり、教室のドアをガラッと音を立てて出て行ったりします。ここでも子どもたちに文章をつくらせます。

　オノマトペがあることの効果を考えさせたところで、ワークシートを配付しオノマトペを集めさせます。ワークシートに集めたら、ぜひ学級全員で共有を図りましょう。

(弥延　浩史)

ポイント！
●いつでも活用できるように、ワークシートはノートに貼らせるべし！

オノマトペの「たつじん」

名前（　　　　）No.

文づくり	オノマトペ

オノマトペを集めるワークシートの例

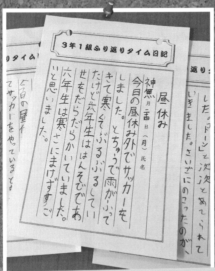

学級で毎日書いている「ふり返りタイム日記」にもオノマトペが並びます

第2章 学年別 国語授業のネタ80

活動の目安となる時間 45分

ジャンル 言語文化

「すむとにごるで大ちがい」短歌をつくろう！

ねらい
俳諧連歌のように思考を働かせて下の句をつける言葉遊びを通して，言語感覚を磨く。

ネタの概要

上の句「世の中は　澄（す）むとにごるで　大ちがい」に続く，下の句を考える言葉遊びです。

「すむ」とは清音のこと，「にごる」とは濁音のことです。古くから存在する言葉遊びですが，創作の幅が広く，だじゃれのようなおかしさがあるので，現在の教室でも新鮮な活動になります。

作品例を紹介します。

- ハケに毛があり　はげに毛はなし
- 福は徳あり　ふぐはどくなり
- ためになる人　ダメになる人
- 四四は十六　ジジは六十
- トロはマグロで　どろはまっ黒
- 谷は深いが　ダニは不快
- タイヤは黒いが　ダイヤはかたい
- にげるハンニン　追うはバンニン

「ハケ」と「はげ」のように，濁点をつけるとまったく別の意味になる言葉を見つけ，七・七とつなげればでき上がりです。トピックの活動にしたり，帯時間にしたり，宿題にしたりと活動の汎用性が高いところも魅力です。

（大江　雅之）

ポイント
- 楽しくつくり大笑いしながら，言葉遊びのおもしろさを感じさせるべし！

短歌の学習の復習も兼ねています

「しみはめだつが　地味はめだたず」お見事！　座布団持って来て！

第2章 学年別 国語授業のネタ80

活動の目安となる時間 **45分** ジャンル 説明文

自分版"三大○○"をつくろう！

ねらい

ナンバリングして書くことのよさをとらえ，意見文や紹介文などを書くときに生かすことができるようにする。

ネタの概要

説明文では，事例の説明の際にナンバリングされていることがありますが，意見文や紹介文を書くときに，ナンバリングできる子は多くありません。そこで，ナンバリングの効果を楽しく学んで，実際に使えるようにします。

❶「先生の三大好きな給食メニュー」という文章を提示します。この文章は，ナンバリングがされていない，あえて読みにくいものにします。

❷読みにくいという意見が出たら，どのように書いたらよいかを問います。すると「段落で分ける」という意見が出てくるでしょう。そこで，1つずつナンバリングして書くということを教えます。

❸子どもと一緒に文章を直していきます。「1つめは○○です」と答えを言ってから，理由などを書いていくということを確認します。また，実際に子どもたちにも「自分の好きな三大給食メニュー」について文章を書かせます。さらに，次回には自分が書きたいテーマ（三大○○）で書くことによって定着を図ります。

(弥延　浩史)

ポイント！

●ナンバリングのよさを体験させることで活用に結びつけるべし！

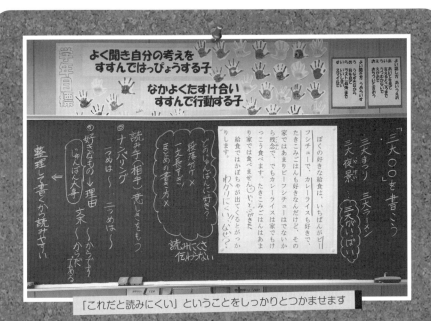

「これだと読みにくい」ということをしっかりとつかませます

"三大○○"を考える活動で，整理して書くことのよさをつかませます

第2章 学年別 国語授業のネタ80

活動の目安となる時間 約15分　**ジャンル** 語彙

言葉探しで仲良くなろう！

ねらい
新しい仲間と一緒に言葉探しを楽しませながら，言葉に着目して文章の内容を読み取る力を育てる。

ネタの概要

新聞には，ぎっしりと言葉や文が詰まっています。だからこそ，見出しや印象的な言葉に注目して内容を読み取れるような力を育てたいものです。

そこで，新聞をグループ（1グループは3，4人）の数分（1グループ1日分）準備し，次のような手順で楽しく言葉探しをして遊びます。

❶お題を出す。
❷班で探してミニ黒板（または画用紙）に記入する。
❸班ごとに黒板に貼って選んだ理由を説明し，質問タイムをとる。
❹どのグループの言葉がいいか吟味する。
❺挙手による多数決でチャンピオングループを決める（どうしてよいと思ったのか，何人かに自分の考えを述べさせる）。

「幸せを感じる言葉」「すぐに使ってみたい言葉」「友だちにそっと教えたくなる言葉」「いちばんわけがわからなかった言葉」「絶対に使いたくない言葉」…など，お題を変えながらテンポよく何度も行います。

（藤井　大助）

ポイント
●新聞の何面から探すか指定するべし！

わからない漢字があっても、グループならあきらめません

同じお題でも様々な言葉が出てきます

第2章 学年別 国語授業のネタ80

活動の目安となる時間 **45分**

ジャンル 物語文

ガイドブックで物語文を紹介しよう！

ねらい

物語文のガイドブックづくりを通して，あらすじ，登場人物の人物像，心情変化をとらえる力を身につけさせる。

■ネタの概要

あらすじ，登場人物の人物像，心情変化という視点で，物語文を「○○ガイドブック」（○○は作品名）としてまとめ，図書館に展示して来館者に紹介する活動です。

まず，ガイドブックのモデルと出合わせることによって，ガイドブックづくりへの意欲を高め，具体的な見通しをもたせます。

そして，教科書の物語文で，あらすじ，登場人物の人物像，心情変化のとらえ方や書き方を指導します。

その後，同様の視点で自分のお気に入りの物語文のガイドブックをつくります。ポイントを絞って端的に紹介するので，つくった子どもの感じ方などがとらえやすいのがよいところです。

この活動は，1回限りではなく，1年間の中で繰り返し行っていくことで，あらすじ，登場人物の人物像，心情変化をとらえる力が大きく向上していきます。

（長屋　樹廣）

ポイント！

●あらすじ，登場人物の人物像，心情変化という視点を与えるべし！

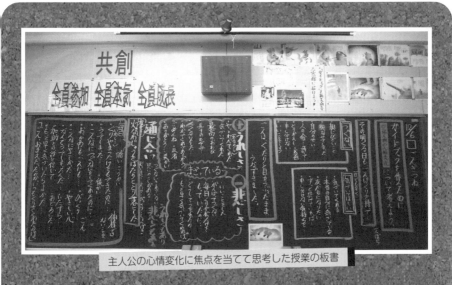

主人公の心情変化に焦点を当てて思考した授業の板書

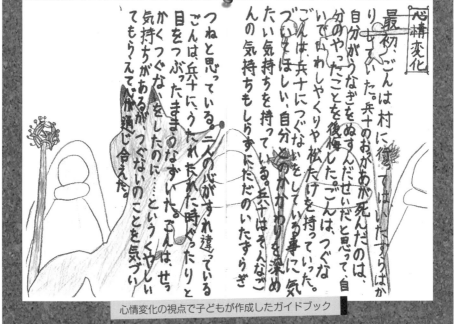

心情変化の視点で子どもが作成したガイドブック

第2章 学年別 国語授業のネタ80　　活動の目安となる時間 45分　　ジャンル 話し合い

付箋で考えを交流しながら深い学びに向かおう！

ねらい

付箋に書いた個人の考えを交流し，ミニ黒板に整理することを通して，気づきや新たなる問いを生み出す。

ネタの概要

たくさんの友だちと一緒に学ぶのですから，対話を通して深い学びを生み出して欲しいものです。そこで，おすすめなのが「付箋交流法」です。

❶問題に対する自分の考えを付箋に書く。（付箋のサイズは問題に合わせて）
❷付箋をミニ黒板に貼り，交流して気がついたことをグループで書き足す。
　（ミニ黒板がない場合も，大きめの画用紙で代用可）
❸前面黒板に貼り，全体交流を通じて明らかになったことを教師が整理する。
　（事前にしっかり反応を予想しておくと，スムーズに整理できる）

右ページ下の写真のように，教師が整理する際は，→などの記号を使って，どのグループの考えを受けているのかをわかりやすく示します。

「みんなもそう思ったんだ。…でも，それは，なぜなのだろう。だったら，これはどうなのだろう。…もしかして，こういうことじゃないかな？」

付箋を使った交流を通して新たなる問いが生まれることがあります。それを改めて個で考える場を確保すると，45分の授業が深い学びに向かいます。

（藤原　隆博）

ポイント！

●交流を通して，気づきや新たな問いが生まれる経験を積ませるべし！

付箋に書いた考えをグループでミニ黒板に集め，気がついたことを書き足します

前面黒板に貼り，全体交流へ。気づきや新たな問いが生まれます

第2章 学年別 国語授業のネタ80

活動の目安となる時間　45分　　ジャンル　作文・日記

行ったつもりで旅行記を書こう！

ねらい
事実と感想を区別したり，見出しや文末を工夫したりしながら文章をまとめられるようにする。

ネタの概要

社会科などを中心に4年生になると調べ学習が増えてきます。でも，ただ読んでいるだけ，写しているだけ，という子どもが少なくありません。

そこで，「行ったつもりで旅行記を書こう」と子どもたちに投げかけます。「旅行記を書く」という目的があることで，ただ調べてまとめるよりも取り組みに熱が入ります。

❶資料の範囲を決めます。右ページの写真では，社会科資料集の「特色のある町」という単元の中の「香川県直島町」に旅行に行ったという設定です。
❷見出しは3～4つ，新聞形式でまとめます。
❸でき上がった作品を読み合います。

はじめに細かい説明はしません。机間巡視をしながら，「驚いたな，おもしろいなという思いが文章からよく伝わってきますよ」「どうして，文末を『…しているそうです』にしたの？」など，文末を工夫したり，事実と感想を区別して書いたりしている子どもを見つけ，ほめたり質問したりします。

（藤井　大助）

ポイント！

●文章表現やまとめ方の工夫を見つけ，どんどんほめるべし！

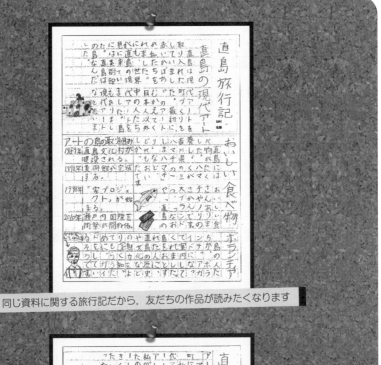

同じ資料に関する旅行記だから，友だちの作品が読みたくなります

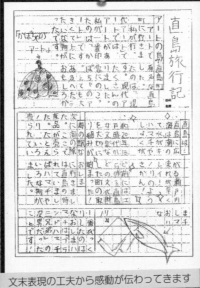

文末表現の工夫から感動が伝わってきます

第2章 学年別 国語授業のネタ80

活動の目安となる時間 約20分

ジャンル　言語文化

偉人の格言を基に「MY格言」をつくろう！

ねらい

何事かを成し遂げた偉人が発した格言の意味と言い回しをとらえさせ、言葉の価値を考えながら文型を活用して文を書かせる。

ネタの概要

4年生になると、二分の一成人式など、これからの人生について考える場面が出てきます。また読書でも、フィクションとして読んでいた偉人の伝記を、自らの道標としてとらえ始める時期でもあります。そこで、偉人の残した格言を文型として、自らの格言「MY格言」を考えさせる言語活動を設定しました。

❶偉人の残した偉業やエピソードと格言とをつなげて紹介し、格言のもつ意味や価値をとらえさせる（今回は、エジソン「天才とは…」ナポレオン「余の辞書に…」イチロー「努力を…」の3つを取り上げました）。

❷選択肢や穴埋めを用いて、少しずつ「MY格言」のつくり方に慣れさせる（エリザベス・テイラーの格言の一部を三択で紹介し、どれがふさわしいか討論させました）。

❸基になる格言を選ばせ「MY格言」を完成させる（マーク・トウェイン、『ドラえもん』ののび太、『ONE PIECE』のNo.2の3種類です）。

（宍戸　寛昌）

ポイント！

●印象的なフレーズの穴埋めで、格言のもつ言い回しに触れさせるべし！

上段（黒板）

エリザベス・テイラー

「あなたはすべてを手に入れましたね」と言われたら、

A そうらしいわね
3 β ちゃんとほしがったからよ
26 ⓒ 明日を手に入れたことはないわ
と答えるわ。

偉人の格言を基にMY格言を作ろう。

・アルベルト・アインシュタイン
（アルバート）

一度も失敗したことがない人は □ である。

A 20
B 1
C 0

> 選択肢や穴埋めを生かし、「偉人の格言は超えられない」という思いを徐々に減らします

下段

マーク・トウェイン

頭にきたら
四つ数えろ
完全に頭にきたら
文句を言え

頭にきたら
（今までで一番楽しかったことを上をむいて考えろ。）
完全に頭にきたら
（足音をたてて歩け）

頭にきたら
深呼吸をしろ
完全に頭にきたら
相手はどうかしてると思え

頭にきたら
次の言葉を待て
完全に頭にきたら
がむしゃらにおこれ

（完全に頭にきてもがまんしていたらうみの無い人にとりかかられるをぶつけてしまうことになるだろう）

> 同じ格言を基にしても、MY格言は様々。背景の思いを知るのも楽しみです

第2章 学年別 国語授業のネタ80

活動の目安となる時間　約15分　ジャンル　文法

接続語を用いて物語の続きをつくろう！

ねらい
接続語を用いて四場面構成の簡単な物語を即興でつくることで，物語の基本構成に習熟させる。

ネタの概要

「5W1Hゲーム」は，必ず盛り上がる鉄板の学級遊びです。予想もしない言葉の組み合わせに，言語感覚が揺さぶられるからかもしれません。今回は，その荒唐無稽な文の続きを考えるという活動を実践してみました。

❶短冊を配付し，子ども一人ひとりに5W1Hの各部分を書かせる。

❷集まったカードをシャッフルし，1枚ずつ引くことで適当な文をつくる。

❸3人の子どもを代表に選び，文の続きを考え，物語をつくる。
- ・1人目は「すると」から始めさせる。
- ・2人目は「ところが」から始めさせる。
- ・3人目は「そうして」から始めさせる。

❹5W1Hと代表の子どもを替えて，違う物語をつくらせる。

基本構造がわかってきたら，接続語を増やし，その場で引かせるとよいでしょう。グループごとに続きを考えさせると，似ても似つかぬ展開の物語が広がっていき，改めて物語のおもしろさに気づかせることができます。

（宍戸　寛昌）

ポイント

●ランダムに生成された文に何とか物語としての筋を通させるべし！

◎ 5W1H
いつ どこで だれが 何を どうした
1　2　　　3　　　4　　5

① 1111年前、シャボン玉の中で、よっぱらったサラリーマンが、おもちを、けった。

② すると、そのおもちの中から「もち太郎」という男の子が出てきて、サラリーマンに文句を言い始めて、サラリーマンは反省した。

③ ところが、そのもち太郎の身体は、お米を食べないとどんどんくずれていって……

荒唐無稽な文に何とか整合をつけ、物語の起承転結を考えています

接続語をランダムに引かせると、物語をどうつなげるか楽しく四苦八苦することに

第2章 学年別 国語授業のネタ80

活動の目安となる時間　約15分　ジャンル　文法

つながりに気をつけて「つみあげ話」をつくろう！

ねらい

学級全員で次々と言葉をつけ足しながら「つみあげ話」をつくることを通して、主述や修飾被修飾など文のつながりを意識させる。

ネタの概要

マザーグースの「これはジャックが建てた家」や谷川俊太郎の「これはのみのぴこ」といった「つみあげ話」は、文末を読むころには文頭に何が書いてあったか忘れてしまうほど文章が長いことがおもしろさの秘密です。そこで、1人1語ずつ言葉をつけ足しながら文をつくらせることで、主述や修飾被修飾といった文のつながりを意識させる言語活動を考えました。

❶基本の主語と述語を示す（例えば「だるまさんがころんだ」）。
❷思いついた子どもから、言葉をつけ足して音読させる。
❸次々に言葉をつけ足して長い文をつくらせる。
❹でき上がった文を見直し、うまくつながっていない部分を直させる。
❺全員で完成した文を音読する。

学級の半数以上が話し終わるころには結構な長さの文になり、1人が読むのを聞いているだけで笑いが起こってきます。また、文の直し方には様々な方法があることを話し、よりよいつなげ方を見つけさせましょう。

（宍戸　寛昌）

ポイント！

●言葉が付け足されるたびに音読させることで言語感覚に訴えかけるべし！

子どもから出てきた言葉はひとまず受け入れ，最後に全体で整合を図ります

長い文を音読していると，それだけで楽しい笑い声が上がってきます

第2章 学年別 国語授業のネタ80　　活動の目安となる時間 約15分　　ジャンル 説明文

新聞記事の見出しをつくろう！

> **ねらい**
> 実際の新聞記事の見出しを考えることを通して，文章を要約する力を高める。

ネタの概要

　新聞や雑誌でまず目に入るのが記事の見出しです。見出しは本文を要約し，読者の目を引くようにつくられています。そこで「新聞記者になったつもりで，この新聞記事に見出しをつけよう」と見出しを考える授業をします。

❶新聞や雑誌の記事を，見出しを隠して紹介する。

❷その記事の見出しを1人で考えさせる。

❸つくった見出しを交流し，だれの見出しが一番よいか検討する（グループで1つに絞った後，学級全体で検討するのでもよい）。

❹実際の新聞や雑誌の見出しを紹介する。

　見出しは長過ぎないことがポイントです。また，最近の出来事など新しい話題を扱った記事を紹介すると，社会への目も広がります。

　子どもから「ヒントはないの？」という質問が出たら，「実際の見出しは12文字だったよ」などと教えてあげてもよいでしょう。同じ文字数で見出しを書こうと挑戦する子どもも出てきます。

（広山　隆行）

ポイント！

●最初は子どもが興味をもちやすい記事（スポーツや芸能等）で行うべし！

ヒントとして実際の記事の見出しの文字数を教えると盛り上がります

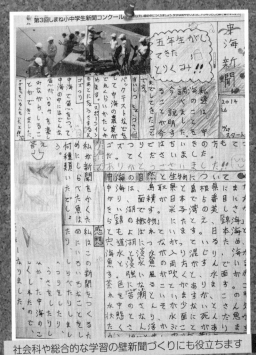

社会科や総合的な学習の壁新聞づくりにも役立ちます

第2章 学年別 国語授業のネタ80

活動の目安となる時間 約20分　ジャンル 話し合い

4年 「行くならどこに？　だれと？」自分の考えをはっきりさせよう！

ねらい

立ち位置の確認，根拠の洗い出し，討論，作文といったステップを踏んで，根拠と理由を明確にしながら自分の意見を表現させる。

ネタの概要

教科書教材としても，ディベートのネタとしてもよく使われる「遊びに行くなら海？　山？」という題材を生かして，自分の意見を段階的に抽出できる言語活動を考えました。

❶「遊びに行くなら海？　山？」というテーマで，意見を交流します。「絶対海・やや海・やや山・絶対山」の4段階を横軸としてネームマグネットを貼り，立ち位置を明確にするのがポイントです。

❷「一緒に行くなら家族？　友だち？」というテーマで，マグネットを縦軸方向に移動させます。❶の横軸と組み合わせると，「A家族と山」「B友だちと山」「C家族と海」「D友だちと海」の4つのマトリクスができます。

❸短冊に根拠と理由を書き，自陣のマトリクスに貼ります。意見（立ち位置）はマトリクス上で明らかなので「なぜなら〜（一般的に），自分は〜（個人的に）」という書き出しで根拠と理由を書くと，書きやすくなります。

❹出た短冊をグループ化し，話し合ったり作文を書かせたりします。

(宍戸　寛昌)

ポイント

●立ち位置の可視化で討論が起こる状況をつくるべし！

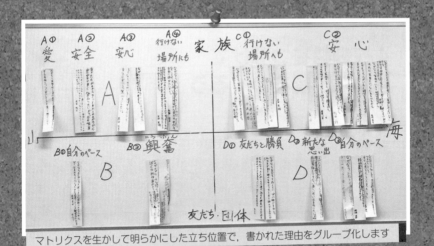

マトリクスを生かして明らかにした立ち位置で、書かれた理由をグループ化します

なぜなら、大人がいると、子どもだけだとむずかしいことも、大人がいるとできるから自分は安心して、魚や生き物をさがして見たい。

なぜなら、団体で行くと、子どもが沢山いるので、あぶなそうな所に行けないから。ぼくは、生き物好きなのでリアルな所で出てたくさん生き物をさがしてみたい。

なぜなら大人がいると安心して泳げるから。自分はおぼれたときアドバイスしてくれておぼれずにすんでほしい時にすぐ助けてもらえるから。

なぜなら、自由におよぎたい、助けてもらえるから。自分は、自由におよぎたいから。

なぜなら、友だちや団体と行くと、自由におよげない

　ぼくは、もう４年生だから、友だちと冒険したいと思う。理由は二つある。

　一つ目は、友だちと行った方が、自立できると思うからだ。大人がいると安心という意見もわかるけれど、自分でやろうという気持ちも大事だと思う。

　二つ目は、友だちといた方が、興奮や勝負が実感できると思うからだ。友だちと冒険気分になって興奮が高まったりするし、自分と同じ子どもの友だちと勝負をすると、いい思い出が残ると思う。

　このように、友だちと行くことは成長につながるため、大人と行くのとはまたちがう思い出がつくれると思う。だから、今年の夏は友だちと出かけたい。

対立する立場の友だちが短冊に書いたことも意識させます

第2章 学年別 国語授業のネタ80

活動の目安となる時間 **約15分**　ジャンル **物語文**

4枚の絵をつなげて
ドタバタ劇をつくろう！

ねらい

無作為に選ばれた4枚の絵を基につながりを考えながら物語を考えることで，場面ごとに変わる人物の行動を明確に表現できるようにする。

ネタの概要

　教科書に掲載されている物語教材は，美しい文章と練り上げられた構成により，実は子どもが物語を自作するときのモデルにはなりにくいものです。むしろ，ネコとネズミが仲良くけんかするようなスラップスティック・コメディをモチーフにすると，書いても読んでもおもしろい物語ができます。

❶中心人物となる2者を決め，キャラクターの造形を共有する（普段から授業で使っている学習キャラクターを利用するとスムーズです）。
❷2者が「何か」をしている絵を全員がかく。
❸全員の絵を集め，その中からランダムに4枚を抜き出す。
❹4枚の絵がつながるように，物語をつくる。

　4枚の絵のつながりのヒントになるよう，「朝・昼・夕方・夜」という時間帯をそれぞれ指定します。すると，朝意地悪をしていた人物が昼にはやり返されて，夜には仲良くなるようなストーリーの流れが自然に生まれます。「残酷なもの」「下品なもの」にならないよう釘を刺しておきましょう。

(宍戸　寛昌)

ポイント！

●ランダムな絵がつながり，物語が生まれるおもしろさを味わわせるべし！

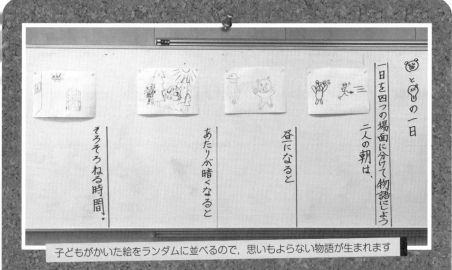

子どもがかいた絵をランダムに並べるので，思いもよらない物語が生まれます

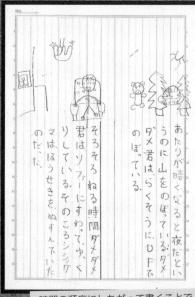

時間の順序にしたがって書くことで，4つの場面のつながりを意識できます

第2章
学年別 国語授業のネタ80

活動の目安となる時間　約15分

ジャンル　語彙

シソーラスステップで
テンプレ表現から抜け出そう！

ねらい
学級全員で類語を集める活動を通して，1つの言葉を言い換えるための語彙を増やし，より自分の思いに合った表現を選べるようにする。

■ネタの概要

日記のような生活文を書かせると，文末がいつも「うれしかったです」か「楽しかったです」になってしまう子どもはたくさんいます。もう少し自分の感情に向き合い，ふさわしい言葉を選ぶ意識をもたせるために，次のようなステップでシソーラス（類語リスト）を作成させましょう。

❶「最近うれしかったこと」といった題で1文を書かせる。
❷「うれしい」という言葉を必ず使わせ，1人5つの文を書かせる。
❸それぞれの文例の「うれしい」を別の言葉に書き換えさせる。
❹書き換えた言葉を集約し，分類・整理してシソーラスをつくる。
❺シソーラス中から最もふさわしい言葉を選ばせ，再度❶の文を書かせる。

集まった言葉は，模造紙や短冊に書かせて掲示したり，「言葉の宝箱」といった小冊子をつくってメモさせたりすることで，累積することが大切です。そして，作文を書くときなどに活用させることで，それぞれの言葉が腹に落ちて，場面に応じて選ぶことができるようになっていきます。

（宍戸　寛昌）

ポイント！
●集めた類語は掲示したり印刷したりしてどんどん活用させるべし！

長月十六日 第四十七話

お題 さい近うれしかったこと
あんまり友達とのけんかがないことがうれしかった。
「うれしい」を使わずにうれしいさを表そう。

ステップ1 「うれしい」を使って、文を五つ書こう。
① 上歯がぬけてうれしい。
② ソーラン節のすばやい動きができるようになってうれしい。
③ おかしを買ってもらってうれしい。
④ 4-1工組でうれしい
⑤ あまり物がたべられてうれしい

ステップ2 うれしい→言いかえよう。
うれしい→安心した
うれしい→すっきりした
うれしい→ほっとする

ステップ3
安心した　じゅうじつした　がんばれた　ほっとした　あんまり友達とのけんかがないから笑顔でいられる
笑顔　たっせいした　自信がもてた　すっきりした　やったあ
楽しい　満足した　幸せ　運がいい
ありがとう　良かった　よろこばしい
明るい　気持ちいい　最高　すがすがしい
うれしい

一人ひとりの意見から、22もの「うれしい」の代案が集まりました

「うれしい」よりも「笑顔でいられる」の方がよく伝わるという感想もありました

第2章 学年別 国語授業のネタ80	活動の目安となる時間 約15分	ジャンル 説明文

説明文のモデルを生かして使える文の型を身につけよう！

ねらい

説明文教材の典型的な文型に当てはめながら，2つの概念を説明する活動を通して，教材文にある論の進め方のよさを体感させる。

ネタの概要

英語の学習では，文の構造を学ばせるために，いくつかの典型を構文として学ばせます。それに対して，国語の読解では，段落構成が重視されがちで，説明に適した独特の言い回しが見逃されがちです。そこで，説明文に出てくる説明のしかたを文型として学ぶ言語活動を考えました。

❶「アップとルーズで伝える」（光村図書4年・下）から，2つの図を用いる場合の説明の文を書き写す。
❷必要な部分だけ残して，穴空きの文型をつくる。
❸穴空きの文型に，自分で選んだ例を基にした説明を書き加える。
❹でき上がった文例を発表し合う。

1，2年生であれば「…のように…のことをAと言います」という文言を規定する部分だけで十分です。3，4年生であれば，「AとBには…という類似（相違）点があります」というまとめの文まで書かせましょう。この文型を用いることで，自然と二者を比較する思考が生まれます。

（宍戸　寛昌）

ポイント！

●文型を用いて多様な文を書かせて，いつでも使えるようにするべし！

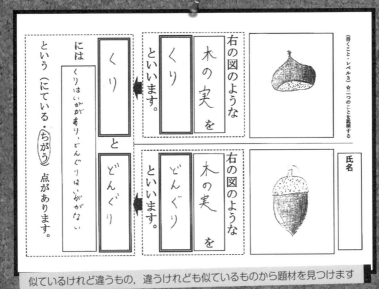

似ているけれど違うもの，違うけれども似ているものから題材を見つけます

文型にのせることで，自分の考えを明確にすることができました

活動の目安となる時間	ジャンル
約10分	説明文

4年 説明文が「かたやぶり」になるわけを見つけ出そう！

ねらい

教科書の教材文と，3段落構成の基本形にリライトされた教材文の長所と短所を比べることで，段落構成に込められた意図をとらえさせる。

ネタの概要

説明的な文章の段落構成といえば，まず思い浮かぶのが「はじめ・中・終わり」の3段落構成です。ところが，教科書ではこの基本形で書かれた教材文にはなかなかお目にかかれません。そこで，あえて基本形にリライトさせることで，基本形では表せない段落構成の工夫に気づかせます。

❶既習の教材文を3段落構成にリライトする
　・「一つ目に」「二つ目に」「このように」といった接続詞を先に書く。
　・「導入」と「問い」を抜き出したり新たに考えたりして「はじめ」を書く。
　・事例の並列関係を整理して「中」を書く。
　・「まとめ」と「むすび」を抜き出して「終わり」を書く。

❷友だちと話し合いながらリライトした教材文と元の教材文を比べる

❸元の教材文に組み込まれた段落構成の工夫を明らかにする

教材文をリライトする言語活動は慣れないと難しいので，はじめのうちは教師がモデルを提示するとよいでしょう。

(宍戸　寛昌)

ポイント！

●様々な教材文をリライトさせて，筆者の工夫に気づかせるべし！

上下に並べられた教材文を,段落ごとに比べながら読み合います

「かたやぶり」なのはなぜ？　氏名

	長所	短所
教科書の文	・出だしがわかりやすい。・長いので具体的にかかれている。・読者のことを考えていて分かりやすい。・みじかなところからつなげてあってよみやすい。	・長々としすぎてむずびが分かりにくい。・長い分よけいなところが書かれている。・型をやぶっている。・まとめが分かりやすい。・出だしがとてもながい。
「はじめ」「中」「終わり」の文	・型にはまっていて分かりやすい。・ムダなところが書かれていなくきりしていて読みやすい。・かじょう書きのようでポイントがのっていてとてもよみやすい。	・出だしが分かりにくい。・短かすぎて具体的にかかれていない。・いきなりいわれても意味がバカからない。・いきなり題に入ると読み手が読みにくい。

表に整理すると,片方の短所はもう片方の長所になっていることがわかります

第2章 学年別 国語授業のネタ80

活動の目安となる時間 約15分

ジャンル 文法

「文づくりジェンガ」で主語・述語・修飾語の係り受けを確かにしよう！

ねらい
２人組で整合性のとれた文を組み立てる活動を通して，主語・述語・修飾語という文の構成要素と，係り受けのつながりをとらえさせる。

ネタの概要

　主語・述語・修飾語と係り受けの関係は，４年生にとって理解し難い内容です。「文図」を用いて関係性を示しても，わからない子にはちんぷんかんぷん。そこで，ゲームをしながら自然に文の構成を理解できる言語活動はないかと思い考えたのが，この「文づくりジェンガ」です。

❶横長の紙に，主語・述語・修飾語を組み合わせた一文を書かせる。
❷その紙を文節ごとに切り，カードをつくらせる。
　（短冊形の付箋を活用してもよい）
❸二人組で，互いに１枚ずつカードを出し，重ねながら文をつくらせる。
❹出せるカードがなくなったり，文がねじれてしまったらゲーム終了。

　カードが上下に重なっていく様子がジェンガのようなので，このように命名しました。一度つくってしまえば，３人以上でゲームをしたり，一度つくり上げた文から１枚ずつ引いて文が整わなくなるまで続けるゲームをしたりと，応用も効きます。重文と複文の学びにも使えます。

(宍戸　寛昌)

ポイント！
●文として成立するかしないかを，係り受けの関係から見いださせるべし！

カードを並べて文をつくるという活動の手軽さが子どもたちに人気です

トナカイが
ぼくの
かわいそうな
トナカイに
鼻が
赤いと言われて
やさしい
女の子に
捨て犬は
保護された

さいきん
このぜに
有名でない
PPAPは
3人
有名で、
変ダンスと
君の名はと
ドナルドは
はやり始めた
ばかりだ

昨日、
しし戸先生は
先生と
こうふんしながら
タイムマシンで
映画館に
行って
先生は
かこへ
行った。

意味を考えると少し変ですが，係り受けはきちんとしている文ができ上がります

第2章
学年別 国語授業のネタ80

活動の目安となる時間　**45分**

ジャンル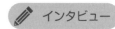

ペアでインタビューし合い，「聞く」大切さを実感しよう！

ねらい

ペアになってインタビューし合い，聞き取ったことを述べ合うことを通して，聞くことの価値を実感させる。

■ネタの概要

4月，教師は子どもの輝く瞳を前に，温かな学級をつくりたいと願います。そのために大切なことの1つが聞く姿勢づくりです。聞くことは相手のよさを受け入れ自分を高めることに，聞いてもらうことは自分を認めてもらう安心感につながり，互いを大切にする空気が生まれます。そこで，学級開きでも国語の授業開きでも使えるインタビュー形式の自己紹介ネタを紹介します。

❶ペアになる。
❷名前を聞き，相手の様子や自分の興味に合わせて3つ質問し答えてもらう。
❸終わったら，相手の名前，質問の答え，「質問の答えに関連したひと言（一緒にサッカーをしましょう，など）」を言い，交代する。2人とも終わったら「1年間よろしくお願いします」と言い合い，握手をする。
❹男女交互に5人と行う。

活動終了後の振り返りでは，しっかり聞いてもらううれしさや，確実に聞くためにはしっかり集中することが大切であることを自覚させましょう。

(小林　康宏)

ポイント！

●ペアのつくり方は，教師が，前後，隣同士，ななめ等指示するべし！

みんなでにぎやかにインタビューし合うと、リラックスした雰囲気になります

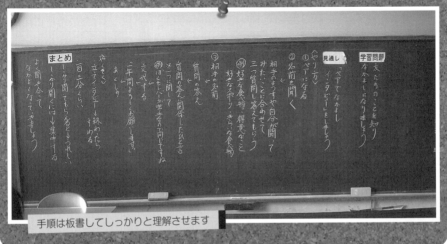
手順は板書してしっかりと理解させます

第2章 学年別 国語授業のネタ80

活動の目安となる時間 **45分**　ジャンル **作文・日記**

5年 オノマトペ，色を入れて日記を生き生き鮮やかに！

ねらい
文章の中にオノマトペ（擬音語・擬態語）や色を入れることを通して，豊かな表現の日記を書けるようにする。

ネタの概要

「今日，友だちと公園でサッカーをしました。楽しかったです」

5年生になっても，このような日記を書く子は意外と多いと思います。でも，ちょっとした工夫で，こんな日記の表現もとても豊かになります。

表現の仕方にはいろいろなものがありますが，ここではオノマトペ（「ワンワン」といった擬音語や「ニコニコ」といった擬態語）や色を日記の中に入れ込むことを指導します。

まず，昨日の出来事について「いつ」「どこで」「だれが」「何を」「どのように」の5つの要素が入った文章をつくらせます。次に同様の要素を入れた文章を教師が板書します。そうしたら，オノマトペを入れられそうなところを見つけ，入れていきます。次に，色を入れられそうなところを見つけ，入れていきます。完成したら1回みんなで読んで，でき上がりの文章を楽しみます。表現の効果を実感したところで各自はじめに書いた文章にオノマトペや色を加えさせます。全員完成したら隣同士で書いたものを交流します。

(小林　康宏)

ポイント！

●教師の例文は，オノマトペ，色を簡単に入れられるものにするべし！

みんなでオノマトペ・色を加えると、文章がどんどん生き生きしてきます

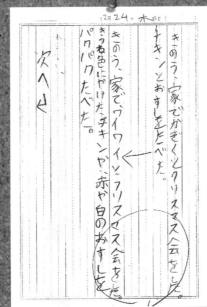

自分の文章ががらりと変わる体験をさせ、活用への意欲を高めます

第2章
学年別 国語授業のネタ80

活動の目安となる時間 45分

ジャンル 物語文

物語のアイテム分析をしよう！

ねらい
物語に書かれている言葉の効果を考えることを通して，物語の内容を一層豊かに想像できるようにする。

ネタの概要

　物語に書かれている言葉一つひとつを丹念に読むと，作品が一層味わい深くなります。そのために，使われている言葉の必要性について考えさせていく活動を紹介します。

　子どもたちに次のような型を示し，そこに言葉を当てはめていってもらいます。

　「私はこの作品の『～』はこれじゃなければダメだと考えます。なぜなら，もし『～』をとってしまうと（『…』に変えてしまうと）～～という感じになりますが，『～』と書いてあるので□□という感じが伝わってくるからです」

　こうすることで，一つひとつの言葉に着目する意識が高まり，また，説明する力も高まっていきます。

　ノートに書けた子には教師のところに持って来させ，早く書けた子には板書してもらいます。みんなできたらまず板書した子たちに発表してもらいます。その後，グループで各自の書いたものを発表し合いましょう。

（小林　康宏）

ポイント！
●作品の特性に応じて人物名，情景，持ち物など目のつけ所を決めるべし！

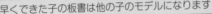
早くできた子の板書は他の子のモデルになります

分析したものを聞き合って，読みを広げます

ニュースキャスターになろう！

ねらい
ニュースキャスターを模したスピーチ活動に取り組ませることで，事実と意見を明確にしてスピーチをする力を育てる。

ネタの概要

「朝のスピーチ」で前日の出来事や関心があることを発表させる活動は，全国の教室で行われていると思います。このタイプの活動は，聞き手に声を届ける，話題を選ぶ，考えを言葉にする…と，実に多くの力を高めることができるものですが，マンネリ化しやすく，子どもの意欲も停滞しがちです。

そこで，スピーチを「ニュースキャスターごっこ」にしてしまいます。語り出しを「今日のニュースです」とし，後は何となくニュースキャスター風の話し方で事実＋意見（解説，感想などのコメント）を述べるように促すだけです。具体的な話し方を教えなくても，ニュース番組を見た経験から，キャスターを演じられる自信がある子数人に実際にスピーチに挑戦させれば，その姿から学級全体で共有するイメージをつくり上げていくことができます。

ちょっと遊び心を加えるだけで，いつもの出来事スピーチが学級の雰囲気を前向きで楽しいものにしてくれます。言語活動と学級の風土とをよりよいものにしていくことができます。

（井上　幸信）

ポイント

- 「ニュースキャスターごっこ」を大いに楽しむべし！

キャスターは事実と意見を述べる仕事であることを確認し，絶対に守るようルール化します

番組名の掲示物やネームプレートなど，小道具が活動を盛り上げます

第2章 学年別 国語授業のネタ80

活動の目安となる時間 **45分** ジャンル 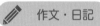 作文・日記

読書感想文の書き方のコツをつかもう！

ねらい

既習の教材文の感想を書くことを通して，自分が感じたことや考えたことを中心とした読書感想文の書き方のコツをつかませる。

◀ネタの概要▶

　夏休みに読書感想文を課している学校は多いと思いますが，書き方を指導しないと「あらすじ紹介」になってしまう子どもが少なくありません。そこで，1学期に学習した教材を使って，事前に感想文を書く授業を行います。

　まず「読書感想文は，本を読んで自分が感じたり，考えたりしたことをまとめるもの」という前提を押さえ，そのうえで，書き方を示します。

　内容面に目を向けると，例えば，以下のような構成の仕方があります。

❶登場人物の行動や会話などで心に残ったこと　❷取り上げた理由
❸これまでの自分の体験と関連して思うこと　❹今後の自分

　表現に目を向け，**心に残った表現を取り出し，感じたことや取り出した理由を書いていく，**というパターンもあります。

　また，本文の記述（内容）を取り出しつつ，自分が感じ，考えたことを挟み込む書き方も一般的ですが，その場合，文章3割／自分の考え7割位と分量の割合を示すことで，あらすじ紹介になることを防げます。

（小林　康宏）

ポイント！

●具体的な構成や内容の割合などを，子どもにわかりやすく示すべし！

【学習問題】感想文の書き方のコツをつかもう

【見通し】二つのポイントにそって考える

【内容から】
①登場人物の行動、会話など
②取り上げた理由
③これまでの自分の体験と関連して思うこと
④今後の自分

【表現から】
⑤心に残った表現
⑥感じたことや取り出した理由
「名前つけてよ」を読み書いてみましょう

感想文の構成（流れ）を指導します

㉑勇太が紙で折った小さな馬に名まえをつけてよと書いて春花にわたす所がに心に残りました。理由は、最初、たいどが悪そうだったけれど春花を元気にさせようとしてやさしい気持ちがあるようでもし、このような出来事があっても、わたしは何もできなかったと思うので勇太みたいにやさしい心を持って自分ができることをやってあげたいと思いました。今後はどんなことがあっても「勇太みたいにやさしい心を持ちたい。」という表現が心に残りました。

㉒カッキーンみたいな表現がしりに残りました。春で花がとてもさわやく思っていることを感じました。

1つ書けたら教師がチェックし、続いて別の観点から書かせます

第2章 学年別 国語授業のネタ80

活動の目安となる時間 45分　　ジャンル 作文・日記

過去の自分と比べて随筆を書こう！

ねらい
過去の自分と現在の自分を比較して随筆を書くことで，自分の成長を実感させる。

■ネタの概要

　随筆とは「身近に起こったこと，見たことや聞いたこと，経験したことなどを他の人にも分かるように描写した上で，感想や感慨，自分にとっての意味などをまとめたもの」（学習指導要領解説より）です。随筆を書き，体験の意味を考えることは，具体的な事柄を抽象化し，意味づけすることができる高学年にふさわしい活動です。今回は，過去の自分と現在の自分を比較することで，成長を実感することができるような随筆の書き方を紹介します。次のような構成で文章を書かせていきます。

❶最近体験したことを書く。
　　運動会等の行事，水泳学習等の季節が限られた授業，清掃，給食等毎日の活動，学校への通学，友だちとの遊びなど，題材はたくさんあります。
❷以前は❶で取り上げた題材に関して自分がどんな様子だったかを書く。
❸過去と現在を比べて思ったことを書く。
　とっても簡単で，自分に対して自信をもつことにもつながる活動です。

(小林　康宏)

ポイント！
●随筆を書いた感想を授業終末に語らせ，自分の成長を実感させるべし！

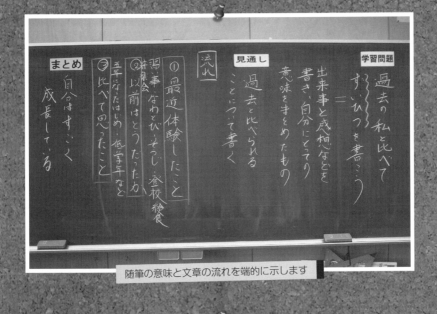

随筆の意味と文章の流れを端的に示します

分量は原稿用紙1枚程度として，1時間で書き切れるようにします

第2章 学年別 国語授業のネタ80 133

第2章 学年別 国語授業のネタ80

活動の目安となる時間 約15分

ジャンル 読み聞かせ

 5年

低学年の子に読み聞かせをしよう！

ねらい
速さや間，相手との位置関係，視線などに気をつけながら低学年の子に読み聞かせをすることで，表現力を高めさせる。

■ネタの概要

　低学年の子とペアになって読み聞かせをする活動は多くの学校で行われていると思います。この活動を5年生の子どもたちにとって一層表現力のつくものにして，お互いに本の世界を楽しむためのアイデアを紹介します。

　まず，低学年の先生に協力してもらい，自分とペアになる子を決めます。次に，朝の会などの時間に一度教室を訪れて相手の子と自己紹介し合い，好きな本の名前やジャンルを聞きます。その後，読み聞かせの時間が何分間なのかも確認し，休み時間に図書室で本を借ります。本を借りたら練習を1時間行います。その際，場面や登場人物の心情に合わせて，速さ・間・声の大きさ・声の調子を工夫するようにします。その他に2つポイントがあります。1つはお互いの位置です。聞き手と向かい合うのではなく，2人で同じ方を向いて本を読みます。その方が親近感が増します。もう1つは，聞き手に対する視線です。表情や目線をときどき確認することで，よりしっかりと聞いてもらうことができるようになります。

（小林　康宏）

●相手意識をもって読むことを大切にさせるべし！

同級生をペアの低学年生に見立てて練習します

読み聞かせが終わったら感想を聞いてみます

第2章 学年別 国語授業のネタ80	活動の目安となる時間 約10分	ジャンル  作文・日記

日記を読み合い，仲間を知ろう！

> **ねらい**
> 日記を読み合い，感想を伝え合うことで，優れた表現の仕方や友だちの個性に気づかせる。

■ネタの概要

　まもなく11月です。「魔の11月」と言われるように，11月は子どもたちの問題行動が起こりがちな時期です。陰口を言ったり，嫌がらせや無視をしたりして，子ども同士の人間関係がギクシャクしてくることが多い時期です。この時期を何とか乗り切っていくために「お互いを知る」ことを大切にしていきたいものです。子ども同士何を考えているのかがわかることで，お互いに安心します。相手がどんな個性をもっているか知ることができ，また，自分のことも知ってもらえるからです。

　お互いを知る方法としておすすめなのが「日記を読み合う」ことです。日記を書いてきた翌日，先生がまず全員の日記に目を通し，他人に読ませない方がよい内容があるか確認します。そのうえで，出された日記を朝の会や帰りの会のときにランダムに配ります。子どもたちは配られた日記を読みます。読んだら，日記を書いた友だちに感想を伝え，日記を返します。その際，素敵だと感じた表現や，楽しいと感じた内容，共通する体験等を伝え合います。

（小林　康宏）

●文章のよさや楽しいところを伝えるという約束を設けるべし！

友だちの日記を真剣に読みます

笑顔で感想を伝え合います

第2章 学年別 国語授業のネタ80

活動の目安となる時間 **45分**　ジャンル **スピーチ**

推薦します！○○委員長

ねらい
推薦スピーチのつくり方を習得させ，友だちのよさに気づかせるとともに，児童会の引継ぎに向けた意識を高める。

ネタの概要
12～1月ごろにかけて，多くの学校では児童会長選挙が行われ，児童会の引継ぎに向けた活動が本格化することでしょう。選挙では，推薦責任者が立候補者の応援演説を行うことも多いと思います。この活動は，その際「推薦」と呼ぶに相応しいスピーチを行ったり，互いのよさを認め合い，自信と意欲をもって引継ぎに向かっていけるようにしたりするためのものです。

まず，隣の席同士で推薦し合うペアをつくり，以下の流れで推薦スピーチをつくります。

❶推薦する委員会　❷委員会の活動目的　❸主張　❹推薦理由　❺理由の基になる具体的出来事　❻委員長になったら学校はこうなる　❼お薦めの一言

次の時間，相手を変えながらペアになってスピーチを行い，感想を伝え合います。感想は推薦された友だちのよさへの気づきを伝えます。最後にスピーチをつくり合ったペア同士でスピーチし，感想を伝え合います。その際，推薦されて気づいた自分のよさへの思いや推薦へのお礼を伝えます。

(小林　康宏)

ポイント！
●推薦理由は委員会の活動目的に合ったものを考えさせるべし！

流れを板書する際はつなぎ言葉も示すと考えやすくなります

45分で書けるよう，分量は400字詰め原稿用紙1枚程度にします

第2章 学年別 国語授業のネタ80

活動の目安となる時間　45分　　ジャンル　語彙

なぞかけを楽しもう！

ねらい
2つのものの共通点を考えたり，発音が同じで意味の異なる言葉を考えたりして，なぞかけをつくらせる。

ネタの概要

もうすぐお正月。多くのお笑い番組が放映され，楽しいなぞかけが披露されることもあります。なぞかけは具体と抽象を往復する力や言語感覚を磨くのにも適しています。2つの方法でなぞかけを楽しむ活動を紹介します。

❶ある物を決め，その性質を考え，共通の性質をもつ物を取り上げる

鉛筆の見た目から「細長い」という性質を引き出し，同様の性質をもつ物を問い，ヘビやひも等をあげ「鉛筆とかけましてヘビととく。その心はどちらも細長いでしょう」となぞかけの形にします。この後各自でつくります。慣れたら共通の性質の物ははじめに考えた物からできるだけ遠い物にします。

❷2つの意味をもつ言葉を考え，それぞれに当てはまる物を取り上げる

「きになる」を板書し，2つの意味を聞き，「気になる」と「木になる」を引き出し，それぞれの性質をもつ物としてニキビとリンゴ等をあげ「ニキビとかけてリンゴととく。その心はどちらもきになるでしょう」となぞかけの形にします。この後は各自でつくっていきます。

（小林　康宏）

ポイント！
●できた子にどんどん発表させながら，楽しくたくさんつくらせるべし！

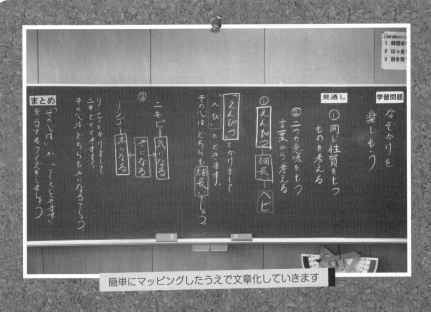
簡単にマッピングしたうえで文章化していきます

「その心は何でしょう？」とクイズにして出し合うのも楽しいです

第2章 学年別 国語授業のネタ80

活動の目安となる時間 45分　ジャンル 調べ学習

大事なことだけ つまんで読もう！

◆ねらい

事典・図鑑などたくさんのことが載っている本から，目的に応じて必要な情報だけ読み取ることができるようにする。

■ネタの概要

　総合的な学習の時間や国語・社会で調べ学習をすることは多いと思います。その際，調べたいことを見つけていく活動はできるだけ能率よく進めたいものです。その力をつけるために行いたいのが本や文章全体を概観しながら拾い読みする「摘読」です。ここではペアになって楽しみながら摘読の力を身につけていく活動を紹介します。

❶図書館に行き，各自1冊，事典・図鑑などを用意する。
❷目次・索引等を見て，興味を引かれたページに行く。
❸ページ内の興味を引かれた小見出しに書かれている内容を簡単にまとめる。
❹まとめたことが答えになるよう，小見出しにある言葉を使い問題をつくる。
❺ペアで交互に問題を出し合い，解答の正確さや速さを競う。
❻ペアを変えながら活動を続ける。

　本を用意する際は，例えば「環境問題」など，そのときどきの教科の学習内容に合わせて内容を限定すると，教科の学習も深まります。

（小林　康宏）

◆ポイント！

●できるだけ短く答えられる問題をつくらせるべし！

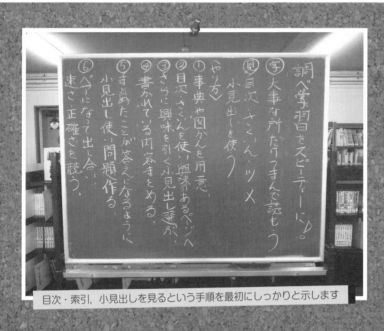

目次・索引，小見出しを見るという手順を最初にしっかりと示します

多くの人と出題し合い，摘読の基本的な方法に慣れさせましょう

第2章　学年別 国語授業のネタ80　　活動の目安となる時間　45分　　ジャンル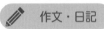

 6年生の3月の自分に手紙を書こう！

ねらい

小学校を卒業する際どのような自分になっていたいか，具体的なイメージを思い描かせる。

ネタの概要

　間もなく子どもたちは6年生。6年生は学校の中では最高学年です。5年生の終わりにどのような6年生でありたいかというイメージをもつことで，春休みの過ごし方もしっかりとしたものになり，6年生のスタートも最高学年らしいものになることが期待されます。手紙は次の流れで書きます。

❶季節の言葉　❷卒業時になっていたい自分の姿　❸そう考える理由
❹実現のための具体的な方法　❺結果の予想　❻未来の自分をいたわる言葉

　書いた手紙は隣席の子と読み合い，お互いに励まし合うようにします。
　この活動はその後も続けることができます。教師が手紙をとっておき，6年生の3月になったら手紙を子どもたちに返し，手紙を書いた5年生のときの自分に宛てて，実際にどうだったか以下の流れで手紙を書きます。

❶季節の言葉　❷手紙を読み思ったこと　❸中学校に行って頑張りたいこと
❹過去の自分をねぎらう言葉

　1年前を振り返り成長を実感することで，自信をもって卒業できます。

（小林　康宏）

ポイント！

●実現のための方法，結果の予想はできるだけ具体的に書かせるべし！

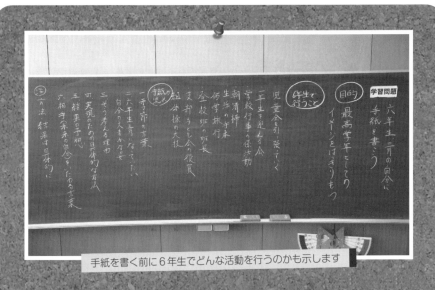

手紙を書く前に6年生でどんな活動を行うのかも示します

書いたことの実現に向けて頑張れるよう励まし合います

第2章
学年別 国語授業のネタ80

活動の目安となる時間　45分　　ジャンル　語彙

創作四字熟語で決意を書こう！

ねらい
6年生になったことの喜びや決意を創作の四字熟語にして表すことを通して，楽しみながら四字熟語のイメージをつかませる。

ネタの概要

高学年になると熟語の学習がありますが，ややもすれば，教科書をなぞるだけの退屈な授業になってしまいがちです。そんなイメージを覆し，「言葉っておもしろい！」という感覚を引き出す方法の1つに，子どもの創作意欲を生かすというやり方があります。ここでは，6年生になったことへの喜びや決意を，創作四字熟語で表す活動を紹介します。

❶6年生になってがんばりたいことや決意などを，単語や短文で書く。とにかく数多く書かせ，なかなか思いつかない子がいる場合には，黒板に書き出すなどして共有させる。

❷その単語や短文に使われている漢字を組み合わせて四字熟語をつくる。創作なので，オリジナル作品にすることが大切。辞典も使わせるようにする。

❸でき上がった四字熟語に意味（説明）を加える。完成した作品を掲示したり，学級通信で掲載したりすると，子どもたちも喜ぶ。

(弥延　浩史)

ポイント

●作品の良し悪しより，その子の喜びや決意を大切にするべし！

国語辞典を活用すると、語彙も増えて一石二鳥です

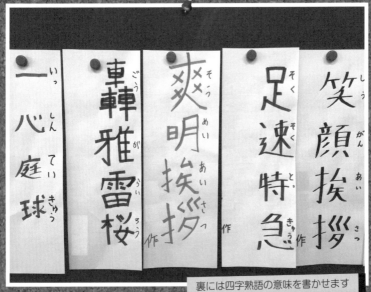

裏には四字熟語の意味を書かせます

| 第2章 学年別 国語授業のネタ80 | 活動の目安となる時間 45分 | ジャンル 言語文化 |

 今の気持ちを短歌で表そう！

ねらい

短歌を創作することを通して言葉の感覚を磨かせ，表現の技法などを楽しみながら習得させる。

■ネタの概要

6年では，短歌をつくる学習があります。子どもは本来言葉遊びが好きなので，授業だけで終えてしまうのはもったいないと感じます。そこで，ショートタイムやすきま時間にも取り組ませることで，1年間を通して言葉の感覚を磨いていきます。5月であれば，例えば運動会の前後の気持ちを短歌に表現させ，学級で共有すると，きっと盛り上がるはずです。

また，毎回同じ取り組ませ方ではなく，以下のように様々なバージョンでやってみると，1年間を通して行っても，新鮮味を失うことがありません。

❶運動会，修学旅行，遠足など，学校行事と絡める。
❷給食，授業，最近の出来事など，日々の生活と絡める。
❸書き出しと終わりを指定する。
❹「この言葉を必ず入れる」という条件をつける。

❶，❷のようにテーマを指定するだけでなく，❸，❹のように書き方に条件をつけるという方法もあります。

(弥延　浩史)

ポイント！

●バージョンを変化させながら，通年で繰り返し行うべし！

今回はどんなテーマかな？

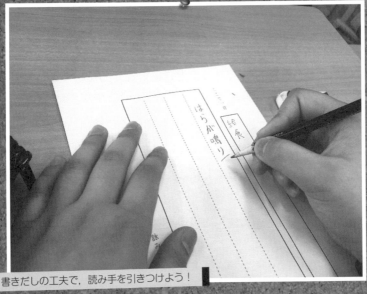

書きだしの工夫で，読み手を引きつけよう！

第2章
学年別 国語授業のネタ80　　活動の目安となる時間 45分　　ジャンル 物語文

しっかり理由づけをして感想文を書こう！

ねらい

物語の感想文を書く際，「なぜそう思ったのか」という理由をしっかりと書けるようにする。

■ネタの概要

　子どもたちに物語の感想文を書かせる際，「書いてあること」＋「思ったこと」だけでなく，「なぜそう思ったのか」という理由もしっかり書かせたいものです。しかし，どのように理由づけすればよいのかを考えるのは，なかなか難しいものです。

　そこで，物語を読んだ感想を書く授業で，理由の書き方を指導します。

❶自分の経験と比較する

　例）自分も大事なものがなくなったときに，とても悲しくなったから。

❷言葉の意味や使われ方から考える

　例）「黒いしんじゅ」というのは，とても美しくて貴いものだから。

❸「この言葉がもし○○だったら（あるいはなかったら）」と考える

　例）もし「思えた」が「思った」だったら，太一はあっさり納得したはずだから。

　書き上がったら，理由の書き方に着目しながら感想を交流します。

（小林　康宏）

ポイント！

●方法と一緒に必ず具体例を示すべし！

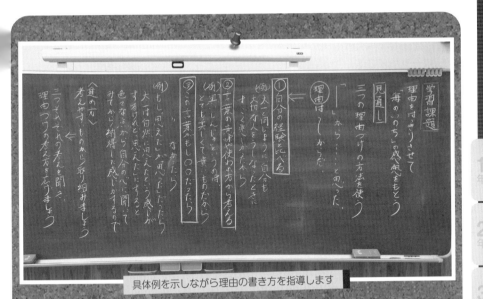

具体例を示しながら理由の書き方を指導します

書き方がわかると、どんどん筆が進みます

第2章 学年別 国語授業のネタ80

活動の目安となる時間 45分

ジャンル 文法

つなぎ言葉で考える力をアップしよう！

ねらい

ゲームを通して，接続詞を使うことで文の構成が広がることに気づかせ，接続詞を意識して使えるようにする。

ネタの概要

自分の頭の中にある考えを自由に表出させるには，接続詞が有効です。そこで，次のような手順で，接続詞を活用し，楽しみながら自分の考えを表出する遊びをします。

❶教科書の中の教材や日常の会話の中から接続詞を見つけ，短冊に書く。
【だから，しかし，ところで，つまり，要するに，なぜなら，それで…】
❷接続詞インタビューゲームをする。
インタビューされる人を指名し，「私の好きなキャラクターは〇〇です」と発表させる（テーマは何でもよい）。そして，他の子に「なぜなら」など様々な接続詞を発表させる。その接続詞に合わせて，インタビューされる人がつじつまが合うように答えていく。様々な接続詞を使うことで，だんだんと話ができ上がっていく。話が組み立てられていく様子を楽しむ。
❸ペアで，接続詞インタビューゲームをする。

（河合　啓志）

ポイント

●つなぎ言葉の短冊は教室に掲示し，日常的に活用できるようにするべし！

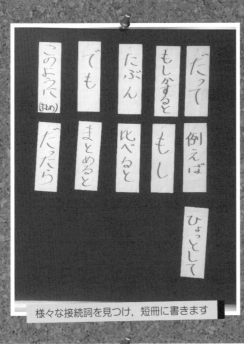
様々な接続詞を見つけ，短冊に書きます

最後にペアでインタビューゲームを行います

第2章 学年別 国語授業のネタ80

活動の目安となる時間　45分　ジャンル　説明文

6年 「夏休みになりたい自分」を説明文で表そう！

ねらい

「夏休み中になりたい自分」を説明文に表すことによって，夏休みの目標やめあての具現化を図れるようにする。

ネタの概要

6年生の夏休みは，小学校生活最後の夏休みです。人とのかかわりや楽しい出来事など，大きな成長を促すかけがえのない機会となります。長期の休みに入る前に目標やめあてを考えさせる場があると思いますが，形だけの活動になっていることが多いのではないでしょうか。

そこで，「夏休み中になりたい自分」を説明文に表すことで，目標やめあての具現化に一歩近づかせます。

夏休み直前に行うのがベストのタイミングです。自分と向き合い，以下の構成で書いていきます。

❶はじめ…なりたい自分について言い切る（明言する）
❷中………どうすればそうなれるのかを具体的に表す
❸おわり…再びなりたい自分について言い切る（明言する）

双括型の説明文になります。夏休み後，説明文に表した自分になれたかどうかを振り返る場も設けましょう。いつもと違う夏になるかもしれません。

（大江　雅之）

ポイント

●自分で考えた「中」の具体を実践させるべし！

夏休み直前の1時間，じっくり自分に向き合わせます

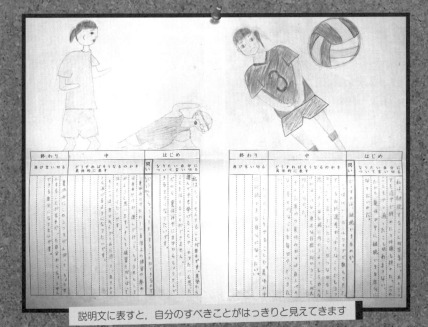
説明文に表すと，自分のすべきことがはっきりと見えてきます

第2章 学年別 国語授業のネタ80

活動の目安となる時間 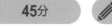 45分　ジャンル　話し合い

早口言葉を聞き取ろう！

ねらい

早口言葉を聞き，その一言一句と内容を明らかにする活動に取り組ませることで，みんなで考え，話し合うことの楽しさを共有する。

ネタの概要

　教師が話す早口言葉を聞き，その内容と言葉を明らかにすることに取り組ませます。「何回聞くと正解にたどり着けるかな？」「全員が耳をすまして聞いても，簡単にはわからないだろうなぁ…」。そんな言葉かけをすることで，子どもたちは自然と学級全員で協力して活動に取り組むようになります。

　私は，中学年以上なら右の板書に示した早口言葉で実践します。低学年なら，谷川俊太郎さんの「かっぱ」の後半を素材とするとよいでしょう。どんな題材を使うにせよ，教師がいかに速く，なめらかに早口言葉を言えるかがこの実践のカギです。

　子どもたちは，ああでもない，こうでもない，ちょっとわかった，きっとこう言っている…と，意見を交流しながら早口言葉の解読に取り組みます。活動の最後に，今日の活動が楽しかったかを問いましょう。多くの子どもが「楽しかった！」と言ってくれるはずです。その楽しさが，みんなで考えて，話し合ったことで生まれたのだと，強く価値づけて活動を終えましょう。

（井上　幸信）

ポイント！

●子どもも教師もとにかく楽しむべし！

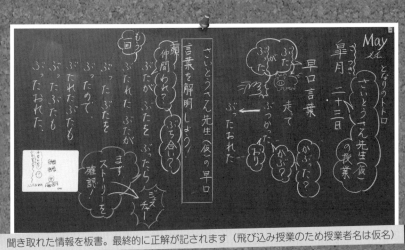

聞き取れた情報を板書。最終的に正解が記されます(飛び込み授業のため授業者名は仮名)

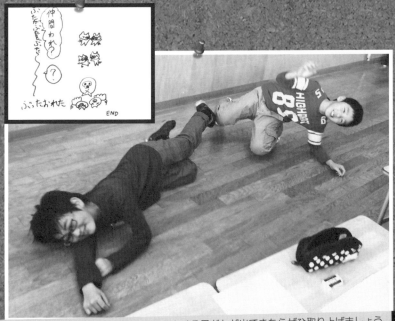

イラストやジェスチャーで表現しようとする子どもが出てきたらぜひ取り上げましょう

| 第2章 学年別 国語授業のネタ80 | 活動の目安となる時間 約10分 | ジャンル 話し合い |

台本を使って話し合いを体験しよう！

> **ねらい**
> 台本を基に演じることを通して，実際の文脈の中でうまく言葉を使って話し合いができるようにする。

■ネタの概要

　話し合いの指導はなかなか難しいものです。「こう話しなさい」という話型指導だけでは，実際の文脈の中でうまく言葉を使うことができず，話し合いの場では生きないことが少なくありません。

　そこで，話し合う力を高める指導として，「話し合い台本」を基にした疑似体験を行います。話し合い台本とは，既習の物語教材を基に，話し合いで使ってほしい言葉や読みを深める際必要な言葉がふんだんに入った台本です。全員が必ず1回は話せるだけのセリフを入れ，番号を振ります。そして，その番号を書いたピンポン玉を箱から取り，各自のセリフを決めます。

　体験後，みんなで台本を振り返り，どの発言で読みを深めたのかなどを話し合います。話し合うときに使える言葉をメタ的にとらえさせるためです。

　活動時間は10分程度なので，朝学習の時間でも取り組めます。また，グループでの話し合いのシナリオをつくると，グループでの話し合いの力を高める指導に転用できます。

（中尾　聡志）

ポイント！

●楽しみながら疑似体験させ，実際の文脈の中で使える言葉を増やすべし！

T　昨日までは何について話し合っていたのか覚えてるかな？
　C　ひろしのお父さんに対する思いについて話し合ってました。
T　今日は「カレーライス」という題名と関係がある「甘口」と「中辛」について読んでいきましょう。
　「甘口」と「中辛」って何を意味しているのかな。
　2　カレーライスの味じゃないの？
　3　ただの味じゃないよ。何かをたとえているんだよ。
T　そういうのを象徴って言うんだよね。「甘口」と「辛口」は何を象徴しているのかな。
　C　う〜ん。なんだろう？
　4（はい→指名）最後、ずっとご機嫌なお父さんが「ひろしももう『中辛』だったんだなあ。」と言っています。ここに何か意味があると思います。
　5（はい→指名）○○さんにつなげて、お父さんは、ひろしは「甘口」しか食べられないって言っていました。その言い方も「口の中ひいひいしちゃうぞ」で、少し子どものような扱いをしていました。だから、中辛は大人になったことを表しているんだと思います。
　6（はい→指名）同じところで、ひろしが「いつもこれ」と言ったとき、お父さんはきょとんとしています。ここから、お父さんはひろしのことを、本当にまだ子どもだと思っていると思います。
　7（はい→指名）だから、ゲームの電源のことは単なるきっかけで、ひろしは子ども扱いされることが一番いやだったんだよ。
　8（はい→指名）課題に戻ると、お父さんウィーク前半の特製カレーの味は「あまったるさは変わらない」とあります。ここから、ひろしとお父さんの関係が子ども扱いのままなことを表していると読めます。
　9（はい→指名）でも、お父さんが、ひろしが中辛を食べていることを知ったとき、うれしそうに何度もうなずいていたでしょ。あの様子から、ひろしはお父さんに成長を認められたと喜んでいるのがわかります。
　10（はい→指名）ぼくは思うんですけど、お父さんは、ただ子ども扱いしていたのではなく、純粋に知らなかっただけだったんじゃないかなと思います。
　11（はい→指名）じゃあ、今までの考えをまとめると、甘口は「子ども」、中辛は「大人」ということを象徴しているってことでいいですか。

「話し合い台本」の一部

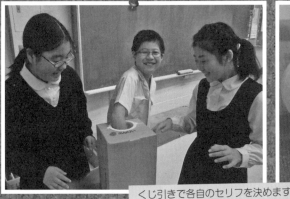
くじ引きで各自のセリフを決めます

第2章 学年別 国語授業のネタ80

活動の目安となる時間 45分　　ジャンル　言語文化

「字源パズル」で平仮名のご先祖様を探せ！

ねらい

平仮名の字源である漢字を選ぶ活動を通して，我が国の言語文化に興味や関心をもたせる。

■ネタの概要

　平仮名の五十音表の上にその字源となる漢字を重ねて貼っていく，パズルのような活動です。

　右ページ上段左の表を拡大印刷して準備をします。平仮名部分は，表を印刷したまま台紙として使用します。右側の漢字部分は印刷したものを切り離して使います。これが，パズルのピースになります。

　活動の前に，平仮名の成り立ち（漢字の点画をくずして平仮名ができたことなど）について簡単に説明をします。この説明がないと，子どもがパズルに取り組む際に考える素材が読みだけになってしまいます。平仮名の成り立ちを説明したうえで取り組ませることで，漢字の形も考える観点に加えることができ，活動の際の思考や話し合いの質が高まります。

　パズルには，4名程度のグループで相談しながら取り組ませます。子どもだけで取り組んでも楽しい活動ですが，授業参観の際に保護者の方々用のパズルも用意して，親子対抗で行うと大変盛り上がります。

（井上　幸信）

ポイント！

●ゲーム性重視！　楽しく考え，楽しく学ばせるべし！

あ	い	う	え	お	安	以	宇	衣	於
か	き	く	け	こ	加	幾	久	計	己
さ	し	す	せ	そ	左	之	寸	世	曽
た	ち	つ	て	と	太	知	川	天	止
な	に	ぬ	ね	の	奈	仁	奴	祢	乃
は	ひ	ふ	へ	ほ	波	比	不	部	保
ま	み	む	め	も	末	美	武	女	毛
や		ゆ		よ	也		由		与
ら	り	る	れ	ろ	良	利	留	礼	呂
わ		ゑ		ん	和		為	恵	遠

左側が台紙，右側がピースになります

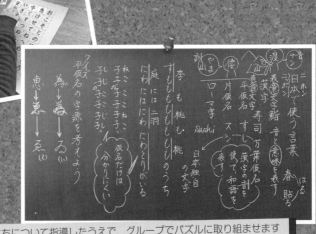

平仮名の成り立ちについて指導したうえで，グループでパズルに取り組ませます

第2章 学年別 国語授業のネタ80

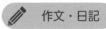

活動の目安となる時間　約15分　　ジャンル　作文・日記

友だちと協力して，文章の内容を膨らませよう！

ねらい

友だちと学び合いながら内容に不足のある文章に加筆していくことを通して，文章の内容を膨らませる視点を獲得させる。

ネタの概要

日記や感想を書かせると，6年生でも2，3行で止まってしまう子がいるものです。そういった子どもたちも，よく書ける子も，仲間と楽しみながら言葉豊かに書くための技を学んでいくネタです。具体的には，内容の不足した文章に，以下のような手順で人に伝わるよう加筆していきます。

❶内容の不足した，右のような教材文を配付する。
❷5分間，1人で吹き出しや挿入記号を使いながら加筆する。
❸友だちと紹介し合い，取り入れたい内容を色ペンで付け足す。
❹どんな視点で内容を付け足したのかを全体で確認し，今後文章を書く際，内容を膨らませるために使えるよう，視点を掲示する。

年間を通して，日記や観察記録文等様々な文種で行い，視点を増やします。

（相澤　勇弥）

ポイント

●内容を増やすための視点をみんなで出し合い，増やしていくべし！

9／2
　今日，学校から帰ってから，たかしとげんかんの植木ばちの水やりをしました。うちのげんかんには，たくさんの花があるので，たのしいです。
　たくさん花をさかせてほしいです。

まずは1人で加筆します

友だちと学び合うことで，内容が膨らんでいきます

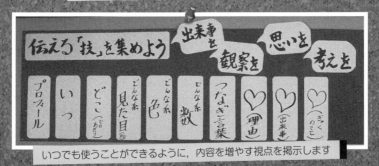

いつでも使うことができるように，内容を増やす視点を掲示します

第2章 学年別 国語授業のネタ80

活動の目安となる時間　45分

ジャンル　言語文化

6年 イチ押しの「名言古文」を授業しよう！

ねらい
親しみやすい古文をもとに，昔の人のものの見方や感じ方と自分の生活を結びつけて考え，友だちに紹介する。

ネタの概要

6年では，伝統的な言語文化の学習として，親しみやすい古文や漢文，近代以降の文語調の文章を取り扱います。その中で，現代に残る「名言」と言われる短文を学習し，学級の友だちにミニ授業で紹介するというネタです。授業をするので，その名言古文のよさを解説したり，大切さを実感できる具体的場面をあげたりする必要があります。授業内容を考える中で，自ずと昔の人のものの見方や感じ方を自分の生活と結びつけて考えるようになります。

❶複数の名言古文と，その意味が書かれたプリントを配付し，気に入ったものを選択させる。

❷教材研究（授業の準備）を行う。

❸3分程度のミニ授業を行う。

授業の内容としては，「①範読」「②音読」「③意味の紹介」「④オススメしたい理由」の4つです。学級の人数に応じて，ペアやグループでの授業にしてもよいでしょう。

(菊地　南央)

ポイント！
●教える側に立たせることで，名言の価値をより深く考えさせるべし！

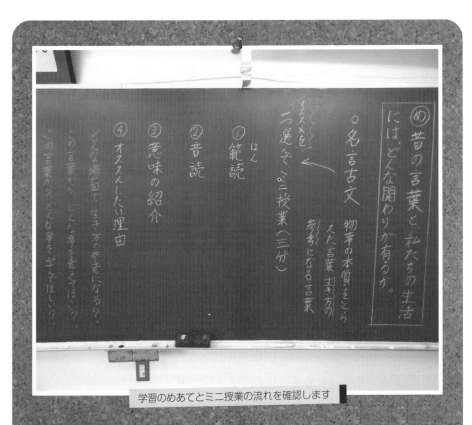

学習のめあてとミニ授業の流れを確認します

ペアやグループで行うと教材研究から協力して取り組めます

第2章　学年別 国語授業のネタ80　　活動の目安となる時間 約30分　　ジャンル 音読

音読大会で聞く力，読む力を伸ばそう！

ねらい
　ゲーム的要素を取り入れた少人数グループ対抗の音読大会を通して，友だちの音読をよく聞き，本文に忠実に音読する力を育てる。

ネタの概要

　友だちの音読を注意深く聞くことや，自分自身も間違えないようにていねいに音読したりすることが求められる活動です。

❶3～4人のグループをつくり，読む順番を決める。

❷指定された範囲を読み進めていき，1文字でも読み違えたり，つっかえたり，間が空いたりしたらすぐに次の人と交代する。

❸次の人は，前の人がつっかえた箇所の文頭から読み進める。

❹指定されたところまで読み終えたら，読み終えるまでに必要とした延べ人数を報告する。

❺延べ人数がグループの獲得ポイントとなる。何回戦か行い，ポイントが一番少ないグループが優勝。

　「大きな声でいいなぁ。○班はボーナスマイナス○ポイント！」「次に読む範囲はスピードボーナスがつきます。1位はマイナス○ポイント！　2位は…」と，ボーナスポイントを示すと，子どもたちのやる気がアップします。

（佐藤　祐子）

ポイント

●よい姿（姿勢，協力等）はたくさんほめ，楽しい雰囲気をつくるべし！

結果やボーナスポイントは板書し，子どもたちに状況がわかるようにします

音読する子は注意深く読み，聞いている子は文章を確かめながら聞きます

第2章 学年別 国語授業のネタ80

活動の目安となる時間　**2時間**　ジャンル　学習のまとめ

6年 国語学習史をまとめよう！

ねらい
これまでの国語の学習を振り返らせ，今後も言葉を学び続ける学習者としての目標意識をはぐくむ。

ネタの概要

佐賀大学の竜田徹先生の実践を小学校バージョンにした活動で，卒業を意識し始め，小学校生活のまとめに入る今の時期にぴったりです。子どもたちには「国語学習の卒業アルバム」というフレーズで自分と向き合わせます。

書く項目や構成は次の通りです。

Ⅰ	はじめに	
Ⅱ	国語学習史（幼稚園／保育園時代） 　　　　　（小学校低・中・高時代）	A 授業で学習したこと B 校内行事で学習したこと C 個人や家庭で学習したこと
Ⅲ	エッセイ	2編を選んで書く（「言葉を使う自分の理想」「文章を書くときに気をつけていること」「私の受けた○○の学習」「記憶に残る先生」「国語の宿題の思い出」「大切にしている言葉」など）
Ⅳ	おわりに	

（大江　雅之）

ポイント！
●イメージを喚起させるため，指導者の国語学習史を紹介するべし！

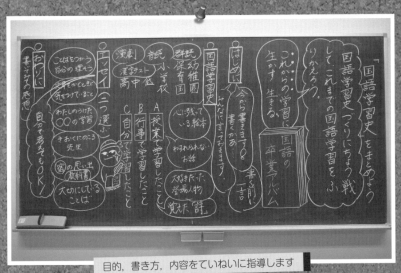

目的，書き方，内容をていねいに指導します

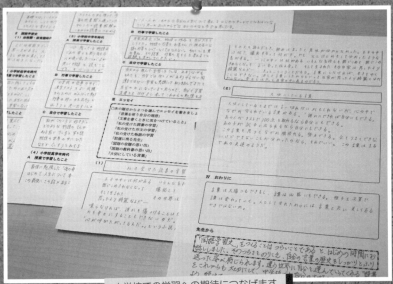

中学校での学習への期待につなげます

第2章 学年別 国語授業のネタ80

活動の目安となる時間 45分　ジャンル 読書

本かるたをつくろう！
本かるたで遊ぼう！

ねらい

本の表紙を取り札に，本文の一節を読み札にした「本かるた」をつくることを通して，「読むこと」の学びを広げたり，生かしたりする。

ネタの概要

図書館の本を素材として，表紙の写真を取り札，本文の一節を読み札としたかるたをつくり，遊ぶ活動です。「かるたづくり」という言語活動を設定することで，多様な本から札をつくる必然性が生まれます。普段は読まないジャンルの本を手に取る機会ができ，読書生活を広げることができます。

また，読み札に採用する本文の一節を選ぶためには，その本を読み，題名や表紙のデザインと結びつく，その本らしい部分を探さなければなりません。1人が5枚の札をつくるとすると，5冊の本を読み，その中の言葉を吟味することになります。その本を読んだことがない友だちでも，その文言を聞いて表紙を見れば関連づけたり，推し量ったりして札を取ることができる…，そういう一節を見つけ出すことは，なかなか骨が折れます。しかし，活動のゴール（「本かるた」をつくって遊ぶ）が明確なので，子どもたちは集中して，頭をフル回転させながら読み札の文言を考えます。

取り札は，本の表紙をデジカメで撮影して印刷すれば簡単にできます。

（井上　幸信）

ポイント

● 「本かるた」で遊ぶ相手のことを常に考えて活動するよう促すべし！

休み時間にも自由に使えるようにすると、自然と子どもが集まります

取り札（左）はＡ４四分の一サイズが手頃。読み札（右）は言葉選びを工夫して

第2章 学年別 国語授業のネタ80

活動の目安となる時間 **45分**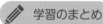

ジャンル **学習のまとめ**

漢字一文字で振り返る 小学校での6年間

ねらい

小学校での思い出を振り返る言語活動を通して，漢字の意味を基に発想を広げさせたり，言語化させたりする。

■ネタの概要

「小学校生活の思い出を表す漢字を一文字選び，毛筆で書く」という授業を卒業前の書写の時間にすることがあります。このネタはそれと似ていますが，自分の思いに合った漢字を選ぶのではなく，お題として示された漢字一字から小学校生活を振り返り，スピーチをする活動です。漢字一文字から様々な意味や単語を発想し，自分の小学校生活と関連づけて言語化していきます。言葉から連想し，言葉を紡ぐ，思考のトレーニングを意図した言語活動です。

お題とする漢字は「会」（出会い，音楽会…），「運」（運命，運動会…）のように，多様な発想を引き出すことができるものを選び，同じ文字から様々な思い出が引き出されるおもしろさを味わわせることができるようにします。

「一」「学」などシンプルで思い出を引き出しやすい漢字を例に活動内容を説明（右ページ上写真）したうえで始めます。お題となる漢字を書いたフリップを人数分＋α用意し，無作為に配付します。手元に来た漢字でスピーチに取り組ませた後，フリップを交換して繰り返し活動に取り組ませます。

（井上　幸信）

ポイント！

● 発想は自由！　ポジティブに思い出を語り合う環境をつくるべし！

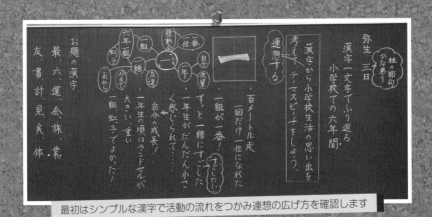
最初はシンプルな漢字で活動の流れをつかみ連想の広げ方を確認します

フリップを持って思い出スピーチ。少人数でも,全体でやってもOK

【執筆者一覧】
二瓶　弘行（筑波大学附属小学校）

相澤　勇弥（新潟県長岡市立宮内小学校）
伊東　恭一（福島県白河市立みさか小学校）
井上　幸信（新潟市立万代長嶺小学校）
岩崎　直哉（新潟市立大形小学校）
大江　雅之（青森県八戸市立町畑小学校）
河合　啓志（大阪府池田市教育委員会）
菊地　南央（福島県二本松市立新殿小学校）
小林　康宏（長野県佐久市立岩村田小学校）
今野　智功（福島大学附属小学校）
佐藤　　拓（北海道網走市立中央小学校）
佐藤　祐子（新潟県五泉市立五泉小学校）
宍戸　寛昌（立命館小学校）
田中　元康（高知大学教育学部附属小学校）
手島隆一郎（愛知県みよし市立三好中学校）
中尾　聡志（熊本大学教育学部附属小学校）
長屋　樹廣（北海道教育大学附属釧路小学校）
比江嶋　哲（宮崎県都城市立五十市小学校）
広山　隆行（島根県松江市立大庭小学校）
藤井　大助（香川県高松市立古高松小学校）
藤原　隆博（東京都江戸川区立船堀第二小学校）
弥延　浩史（青森県藤崎町立藤崎小学校）
山本　真司（南山大学附属小学校）

【編著者紹介】

二瓶　弘行（にへい　ひろゆき）

筑波大学附属小学校教諭
筑波大学非常勤講師
全国国語授業研究会理事，東京書籍小学校国語教科書『新しい国語』編集委員
著書に，『子どもがグーンと賢くなる　面白小話・国語編』（明治図書，2006年），『"夢"の国語教室創造記』（東洋出版社，2006年），『二瓶弘行の「物語授業づくり一日講座」』（文溪堂，2011年），『子どもがどんどんやる気になる　国語教室づくりの極意　学級づくり編』（東洋館出版社，2015年），『子どもがいきいき動き出す！　小学校国語　言語活動アイデア事典』（明治図書，2015年），『どの子も鉛筆が止まらない！　小学校国語　書く活動アイデア事典』（明治図書，2016年），『今日から使える！　小学校国語　授業づくりの技事典』（明治図書，2017年）他多数

【著者紹介】

国語"夢"塾（こくご"ゆめ"じゅく）

すぐに使える！　小学校国語　授業のネタ大事典

2017年8月初版第1刷刊	Ⓒ編著者　二　瓶　弘　行
	発行者　藤　原　光　政
	発行所　明治図書出版株式会社
	http://www.meijitosho.co.jp
	（企画）矢口郁雄（校正）大内奈々子
	〒114-0023　東京都北区滝野川7-46-1
	振替00160-5-151318　電話03(5907)6701
	ご注文窓口　電話03(5907)6668
＊検印省略	組版所　長野印刷商工株式会社

本書の無断コピーは，著作権・出版権にふれます。ご注意ください。

Printed in Japan　　　　　　　　　　ISBN978-4-18-127313-2
もれなくクーポンがもらえる！読者アンケートはこちらから　→

小学校国語 言語活動アイデア事典

子どもがいきいき動き出す!

■ 二瓶 弘行 [編著]
■ 国語"夢"塾 [著]

すべての子どもたちに確かな言葉の力を！

- 学級全員でストーリーをつなぐお話リレー
- 物語のダウト探し
- 本の福袋づくり
- 別れる友に贈る四字熟語づくり　…などなど

帯単元や朝の会でも取り組める楽しい言語活動のアイデアを6学年分72例収録。

160ページ／A5判／2,100円＋税／図書番号：1850

明治図書　携帯・スマートフォンからは **明治図書ONLINEへ**　書籍の検索、注文ができます。 ▶▶▶

http://www.meijitosho.co.jp　＊併記4桁の図書番号（英数字）でHP、携帯での検索・注文が簡単に行えます。

〒114-0023　東京都北区滝野川7-46-1　ご注文窓口　TEL 03-5907-6668　FAX 050-3156-2790

＊価格は全て本体価格表示です。